「**參與式學習**」系列課程

*Violence in the school*
*Developing Prevention Plans*

# 預防校園暴力行動方案
## 學生手冊

Center for Civic Education　原著
財團法人民間公民與法治教育基金會　策劃出版

國家圖書館出版品預行編目資料

> 預防校園暴力行動方案：學生手冊 / Center for Civic Education原著 ; 吳愛頡譯. -- 初版. -- 臺北市：民間公民與法治教育基金會, 五南, 2015.3
>   面 ； 公分
> 譯自：Violence in the schools:developing prevention plans
> ISBN  978-986-89947-4-4（平裝）
>
> 1. 校園暴力  2. 學校管理  3. 學校輔導
>
> 527.4                      103024505

## 「參與式學習」系列課程——預防校園暴力行動方案．學生手冊

原著書名：Violence in the Schools: Developing Prevention Plans
著 作 人：Center for Civic Education（http://www.civiced.org/）
譯　　者：吳愛頡
策　　劃：黃旭田
本書總編輯：黃啟倫、黃金宏
董 事 長：張廼良
出 版 者：財團法人民間公民與法治教育基金會
編輯委員：古億琪、朱惠美、林素華、林莉婷、張微婷、許民憲、許珍珍、黃旭田、黃金宏、黃啟倫、
　　　　　劉金玫、滕澤珩、謝靜慧
責任編輯：古億琪、莊淑娟
地　　址：104台北市松江路100巷4號5樓
電　　話：（02）2521-4258
傳　　真：（02）2521-4245
網　　址：www.lre.org.tw

合作出版：五南圖書出版股份有限公司
發 行 人：楊榮川
地　　址：106台北市大安區和平東路二段339號4樓
電　　話：（02）2705-5066（代表號）
傳　　真：（02）2706-6100
劃　　撥：0106895-3

版　　刷：2015年3月初版一刷
定　　價：180元

感謝贊助出版  財團法人 蘇天財文教基金會 SU TIEN-CHAI FOUNDATION

# 推動法治教育 你我一起努力

**全國教師工會總聯合會理事長　張旭政**

　　校園暴力一直是學校內的重大問題，也是教育界極力防範的議題；而校園暴力不僅是社會問題，更是法治問題。

　　台灣從威權轉型至民主社會的過程中，法治的進程似乎不如民主腳步來的快，特別是達官貴人、富商巨賈頻頻出現貪贓枉法的事件，顯現守法的觀念並未落實人心，更不用說對於法律的制定，一般民眾似乎也沒放在心上，讓台灣的法治稍嫌不足。

　　落實法治的方法有很多，教育是最主要與根本的一環。原本「法治」應該是在生活中學習，讓「法治」在潛移默化中成為日常生活的「習慣」；然而，由於師資培育系統一向不重視法治教育，過去生活在威權時代的教師對於「法治」的概念或多或少有些誤會，例如：「法治就是要求人民守法。」這是教育界最常見的說法，不能說不對，但少了諸如法律的制定要符合民主、法律也可能是錯誤等更上位的法治概念，往往使得「法治教育」成為以法條威嚇學生的一種「訓誡」，對於「法治教育」的成效當然也會打折。而過去出版的各種「法治教育」參考教材來看，大多偏重在法條及法律效果的介紹，對於企圖使「法治」內化成為學生習慣或信仰的教育工作者來說，總是有那麼一點缺憾。如果能夠以活動方式引導學生討論，認識社會問題的發生與嚴重性，同時學習、探討法律規範的產生和效果，相信對於「法治教育」一定大有幫助。

　　這一本「預防校園暴力行動方案」就是以活動、參與、討論的理念與架構下所撰寫的參考教材，中小學老師若能妥善運用，一定可以讓學生了解校園暴力的成因，對於暴力行為有個正確的評價，並有助於法治觀念的內化。我們不敢奢望校園暴力可以就此絕跡，但絕對肯定這本手冊的出版，可以讓有心於減少校園暴力、落實法治教育的教育工作者，找到一個好用且適當的參考教材，並減少校園暴力的出現。

　　民間公民與法治教育基金會對於法治教育一向不遺餘力，其中有許多夥伴是具有法律學識的中小學教師，對於推廣法治教育盡心盡力，也是最重要的力量。在基金會的努力之下，引進美國的法治教育教材，讓台灣的「法治教育」得以再往前一步，對法治教育的貢獻無庸置疑，我能夠在此寫序言，是沾基金會的光，也特別感謝他們為法治教育的付出。

　　最後，有幸推薦這本教材，建議基層教師多多加以利用，對於增進學生辨別是非的能力，以及法治教育的落實一定大有幫助。民主、法治的社會是我們教育的目標，大家一起來努力！

# 人人必須面對的校園暴力

**牙醫師・作家・環保志工　李偉文**

我相信台灣大部分的學校老師或家長，都會以為校園暴力離我們非常遙遠，總是心存僥倖的以為不會發生在自己的學校，偶而有打架或激烈爭執，也會視為單一個案來處理，總是儘快地弭平事件後，就當作沒發生過任何事情一般繼續上課考試。

可是，這種期待或者運氣，恐怕會越來越不可得，一方面因為整個時代的壓力，孩子也連帶變得越來越焦躁，當然另一方面則是網路與行動裝置的盛行，孩子的思緒很容易被一大堆亂七八糟的訊息所影響，家長已幾乎棄守從與孩子談心中建立他們價值觀的責任。

當一大堆血氣方剛，不喜歡受約束的青少年在校園裡衝撞、摩擦，彼此擦槍走火的機會是越來越高，因此每個學校、每個老師，以及每個家長，必須正視校園暴力發生的可能性，並提早預做準備。

不過大部分的教育工作者不見得有處理的經驗，也沒有足夠的能力來規劃，幸好這本「預防校園暴力行動方案」，以非常簡捷清晰的結構協助我們系統化地去辨識問題，並且提出解決問題的操作方法。

除了學校可以照著書本的步驟實施之外，老師在課堂上或家長在日常生活中，要讓孩子明瞭，那些會使用暴力的人的心理狀態，使孩子知道每個人都有責任，去防止周遭的人變得那麼生氣，以致於用暴力的方式來發洩，這個理解是希望每個人在日常生活中就可以做點正面的事，比如對別人一句溫暖的話語，一個鼓勵的微笑，當我們能做點事，就不會有無能為力的徬徨與不確定的壓力。

當然，家長在生活中也要儘可能不要讓孩子沉迷在戰爭遊戲或以暴力殺人為獲勝的線上遊戲，

平常孩子有對別人不友善的行為要及時制止並教導，並且能夠辨識那些是欺負的行為，並且願意讓大人知道。

唯有家庭與學校都同時願意付出心力，校園暴力才不會在這個時代快速蔓延。

# 自己的校園，自己救；霸凌的校園，我改變

**亞洲大學心理系講座教授兼副校長　柯慧貞**

　　民間公民與法治教育基金會取得美國公民教育中心（Center for Civic Education）授權，翻譯出版《預防校園暴力行動方案》課程教材。此套教材乃透過參與式學習的方式，引導學生透過有系統的方式研究調查校園中的暴力或霸凌問題，並且擬定計畫或提出策略，進而發展出更有效能的解決方案，並將方案推展至學校所在的社區。這是一套帶動校園霸凌創新教學的實用教學手冊；我非常期待它的出版與進一步的推廣，能帶動另一波「自己的校園，自己救；霸凌的學校，我改變」的公民參與熱潮！！

　　霸凌行為重要嗎？霸凌行為，無論是在實際生活中發生的，或新興的網路霸凌行為，其影響深遠。受霸凌學生不只短期內出現拒學、學業落後等學業適應不佳問題，也助長低自尊、對自己、他人、世界的負面思考方式的長期發展；受害學生容易出現人際疏離或衝突問題，也常見產生焦慮、憂鬱及情緒困擾；甚或，也發展出自傷、暴力或毒品濫用等行為問題。因此，在中、小學中，如何預防學生霸凌行為的發生與有效推展零霸凌的友善校園，常是教育工作中重要的主題。

　　但霸凌行為如何預防？從個人層次來看，家庭、學校、社會媒體均要一起教導兒童、青少年尊重生命、個別差異、自主及隱私；引導孩子認識暴力、攻擊及霸凌行為的後果與相關法律；也要協助孩子學習控制自己的憤怒情緒，學會同理別人的受苦以及如何化解衝突的人際溝通技巧。從班級或學校層次來看，則需營造反霸凌、反暴力以及關懷弱勢的班級風氣與校園文化。

　　但反霸凌、反暴力的知、情、意如何教導？我過去在教育部擔任訓委會常委時，大力推動「品德教育促進方案」，特別強調6E教育，亦即：（一）典範學習（Example）：鼓勵以學生生活親近之人物成為學生學習典範，發揮潛移默化之效果；（二）啟發思辨（Explanation）：不要只求背誦規則，而要對話與思辨；可鼓勵師生討論「為什麼以及如何要反暴力、反霸凌」；透過進行討論、澄清與思辨，產生對反霸凌的情意；（三）勸勉激勵（Exhortation）：透過影片、故

事、體驗教學活動及生活教育等,激勵學生實踐反霸凌、公平正義、照顧弱勢的核心價值;(四)環境形塑(Environment):透過校長及行政團隊發揮典範領導,建立反霸凌之校園景觀、制度及倫理文化;(五)體驗反思(Experience):推動參與式學習與服務學習課程及社區服務,使學生從調查霸凌、訪問受害者的痛苦等參與行動,關心與提出反霸凌校園的策略;(六)正向期許(Expectation):透過獎勵與表揚,協助學生設定目標、提出反霸凌方案;並自我激勵,達成目標。「預防校園暴力行動方案」這套課程充分運用了6E的教學法。

「預防校園暴力行動方案」這套課程,不只有益於培養反暴力的知情意;它所引導的「參與式學習」系列課程,除教導有效參與所需的知識與技能外;並提供實際參與經驗,協助學生體認自己可以如何改變學校、社會;可讓學生瞭解公民參與的重要性,培養學生成為積極主動的公民。透過此行動歷程,學生將瞭解並懂得行使身為公民最重要的權利與責任,即「公民有權利檢視與了解社會問題、表達對問題的想法,並有責任發展出解決問題的方案。」

如同手冊中所提到的教育理念,民主以自治為原則,而自治需要有效的公民參與。公民教育的最終目標,在啟發學生成為憲政民主體制中,稱職且負責的參與者。想要有效負起公民的責任,很重要的,就是要有監督與影響公共政策的意願與能力。然而,對年輕學子而言,要學習參與民主運作,不一定僅限於參與和地方政府與中央政府相關的事務;要成為稱職且負責的公民所需的許多技能與知識,其實和學校、班級經營的技能相同。因此,讓年輕人直接參與解決身邊切身相關的問題,就可以培養他們成為有能力的公民。

相信這套課程的推廣,能激發更多師生參與反霸凌行動與關懷改善社會的熱情、責任及使命感!培養更多稱職且負責的公民!

# 行動就是最佳的方案

**國立臺北教育大學教育經營與管理學系教授兼主任秘書　周志宏**

校園暴力事件近幾年來引起社會的密切關注，輕者如惡意騷擾、肢體衝突，重者如霸凌、鬥毆、性騷擾、性侵害，甚至黑幫介入校園所生暴力事件，都顯示出校園防制暴力行為的重要性。而社區、學校行政人員與親師生如何面對並處理校園暴力事件，更是當前迫切需要面對的教育課題。

財團法人民間公民與法治教育基金會，長期致力於法治教育的推動，並積極引進國外教材予以翻譯並出版，提供校園民主與法治教育優良的教材與書籍，成為民間從事公民與法治教育的重要推手，更是教育部推動校園性別平等教育、公民教育、人權教育與法治教育的最佳夥伴。

「預防校園暴力事件行動方案‧學生手冊」一書是「參與式學習」系列課程之一，其藉由課程設計中納入學生之參與、反省與實踐，讓法治教育之實施不再是單向的灌輸，而是能引發學生思考、反省、批判，進而將正確價值觀、思考方式與實踐態度藉由課程的實施，成為學生內化的觀念態度與外顯的實踐行動，非常值得作為國內相關教材研發的參考。

本書雖為翻譯著作，若干案例情節容或與國內情形略有落差，然藉由教師的說明引證、學生的參與討論，更能有相互參照、互相攻錯之效，是值得推薦的好書。吾人期待未來財團法人民間公民與法治教育基金會能進一步致力於研發出版本土化的類似教材，以利於推動公民與法治教育，更期待教育部能積極獎勵補助此類優良教材的譯介出版以及研發設計，讓教師有更多優良教材可以運用，讓學生有更多參與式學習的課程可以實施，也讓學校行政人員有更多處理校園暴力事件的參考方案可以據以行動。

要防制校園暴力事件的發生，社區、學校行政人員與親師生必須有共同一致的目標與行動，行動就是最佳的方案，讓我們在本書的啟示與引領下，一起開始防制校園暴力的行動吧！

# 預防校園暴力的教師導航

## 國立成功大學法律學系特聘教授　許育典

　　校園暴力在前一陣子，似乎如同定時炸彈般地，接續的連環引爆，最後終於引起了社會乃至教育主管機關的關注。然而，校園暴力真的是最近的新興事件嗎？根據教育部的調查指出，我國國中生曾遭霸凌的比率為2％，若以全國九十五萬名國中生來計算，總共應該有一至二萬人，但教育部每年接獲的校園暴力通報，卻只有幾十件而已。由此看來，校園暴力往往在「息事寧人」的鴕鳥心態中，被主其事者積極地隱匿，或消極地視若無睹，但這都完全與教育的本質相背。

　　在校園暴力日受關注之際，教育部表示，將立即進行「防制校園暴力執行計畫」，校長如不處理校園暴力事件，考績不得為甲，負責督導的縣市政府也會被扣補助款。如此的作為，能某程度地遏止校方「隱匿」不報的現況。事實上，仔細觀察學校處理校園暴力事件的態度，不是把它歸類為「單一個案」，就是以「開玩笑開過頭」帶過，唯有學校正視校園暴力事件，被霸凌的學生才有向學校求救的信心。

　　不可否認地，霸凌現象顯示了校園內對於多元價值、相互尊重的態度欠缺，「預防校園暴力行動方案」一書，從「參與式學習」系列課程著手，分析了預防校園暴力的教學策略，正向面對校園暴力的問題，並研擬預防校園暴力的計畫，從而藉由案例式的具體探討，引導學生進入「預防校園暴力行動方案」的課程，最後建議面對校園暴力所應有的態度，藉此還給學生一個無霸凌的友善校園，是一本值得推薦給從事教學人員的預防校園暴力手冊。

　　在零體罰政策經由教育基本法實踐後，由上而下的體罰漸減，但學生間的平行霸凌漸增，甚至傳聞有教師利用學生處罰學生。整體而言，唯有從校園環境、人員態度等多方的努力與進行，才有可能抑制校園暴力的產生，否則，校園暴力永遠只是一個待處理的「個案」，校園暴力事件也將一連串的引爆。如果無法給予學生一個「安心」、「安全」的校園，那麼，「友善校園」、「人權校園」都將只是教育政策上的華麗詞彙，無法落實於人間。「預防校園暴力行動方案」一書，正是提供給「友善校園」與「人權校園」落實環境的教師行動手冊，本人在此特予推薦給第一線從事教學現場的人員，期待藉由此行動方案的參考與實踐，還給學生一個「安心」、「安全」的校園。

# 教育是社會改革最優先的實踐場

**國立臺灣師範大學教育心理與輔導學系特聘教授兼系主任　陳學志**

校園乃學習知識、涵養品格最重要的場所。家長們將自已心愛的子女交給學校，無不希望他們的寶貝能在一個安全、快樂、健康的環境中成長茁壯。然而，校園也是一個社會的縮影，雖然在層層的師長的保護下，還是難免傳出校園暴力的案件。

在台灣近期最有名的當屬2010年底桃園縣八德國中發生的校園霸凌事件。當時該校國三男生被同學飛踢、圍毆、拿掃把追打。國一女生被4名女同學毆打，還被拉進廁所拍裸照，嚇得被害人不敢上學。尤有甚者，竟有學生公開嗆聲要開槍射殺老師，甚至有高年級生組成霸凌集團。該事件在教育當局強力介入下才塵埃落定恢復平靜。

這四年來，教育當局除了積極落實「反霸凌」教育宣導，更在2014年10月通過「學生輔導法」，大幅增加輔導專業人力，指定學生輔導專責單位或專責人員，辦理各項學生輔導工作之規劃與執行，並透過學生輔導三級機制之建置，有效解決教育現場各類問題，相信未來校園暴力事件應會有所改善。

然而，縱使如此，校園中的暴力衝動仍時有所聞。例如：2014年底，彰化一國中生，放學搭校車途中與同學發生擦撞，兩人口角衝突後，相約隔天在福利社和解，結果對方找來高年級練跆拳道的哥哥，把他打到鼻青臉腫住院。可見暴力就像疾病般，不管醫療多發達，仍是每個人需要學習去面對的人生課題。

其實，除了較明顯可見的肢體霸凌及性霸凌外，校園中更加普遍且容易被忽略的當屬以言語嘲笑、謾罵、刺傷及威脅恐嚇的「言語霸凌」以及排擠、孤立或漠視同學的「關係霸凌」。此外，隨著網路及手機流行，更出現使用電子郵件、簡訊或網站散布不雅照或辱罵言語的「網路霸凌」。上述這三種霸凌對受害者心理的殘害更遠甚於生理的痛楚，嚴重者甚至可導致受害者自殘的行為。

在進行校園霸凌防治的作為上,除了消極治標的訴諸管教及宣導相關的法律規範外,如何培養學生內在的同理心、尊重他人的態度,以及有效的溝通不同的想法以及以雙贏的策略來解決問題,可能才是最根本有效的教育途徑。而後者通常無法經由傳統填鴨式的講課就可以得成目標,反而需要學生經由討論、體驗、省思來造成價值及建構。常用的方法如,使用角色扮演或以教育劇的方式來讓學生能藉由轉換角色而瞭解同理他人的立場及困境。同時也讓學生反覆演練及反思在衝突當下,最合宜的問題解決策略,均有助於由內而外解決霸凌的發生。

除此之外,參與式學習也是防治霸凌的有效的教學方案。感謝財團法人民間公民與法治教育基金會的無私奉獻,為國人翻譯出這本以「參與式學習」為本的「預防校園暴力行動方案」。該方案藉由全班討論、有效的提問、小組學習、結合社區資源、記錄學習及省思等教學策略,讓學生認識及探討校園霸凌本質、發展及檢視可能的解決方案、進行評估及選擇、最終確立目標並積極實踐。個人認為是一套能提升學生甚至教師的公民素養、批判思考以及問題解決的好教材。

該教材的譯本係以美國校園為場景的行動方案,其中第三章及第四章所使用的新聞案例及統計資料都是取材於美國,建議教師在教學時能以本土的資料加以取代。此外,建議教師在教學時能以更廣泛的「校園霸凌」來取代「校園暴力」,預期將會有更豐富的共鳴及成果產出。

教育是社會改革最優先的實踐場,我們渴望一個和平好禮的社會,就要先有一個友善溫暖的校園。雖然校園霸凌不是我們所樂意見到的,但這個現象也給我們一個學習及反思的機會,讓我們反思如果接納、包容及尊重彼此。尤其面對那些施加霸凌的學生,更需要我們付出教育大愛,傾聽、尊重、關懷他們,因為「每個學生都需要愛,尤其是當孩子們不值得愛的時候。」

　　近年來，校園霸即將忘了它的存在時，又從黑暗中張牙舞爪地跳出來，向我們宣示它的存在！身凌問題成為社會關注的焦點，國內從教育部、地方教育局到學校、老師，無不積極投入校園霸凌事件的預防與處置。然而隨著霸凌事件的一再發生，這些從大人們的觀點而制訂的辦法與宣導活動，只是將霸凌問題驅趕至校園中幽暗的角落，霸凌問題並沒有消失。如同鬼魅一般，霸凌問題總是在我們為老師的我們又可以如何做，將這惡靈從校園中驅除呢？！

　　在引進頗受好評的「民主基礎系列」（Foundations of Democracy）及「公民行動方案系列」（Project Citizen）之後，財團法人民間公民與法治教育基金會秉持其一貫深耕校園民主法治教育的熱情，繼續進行「預防校園暴力行動方案」一書之翻譯。美國校園暴力問題遠較我國複雜且嚴重，如槍枝、嚴重肢體衝突等，故該書的引進將有助於台灣的教師們帶領學生研擬自己的校園暴力預防計畫。

　　本書是美國公民教育中心推動「公民行動方案」系列課程中所使用的教材，延續「行動公民方案」課程的精神，本書透過一個虛擬的學校「麥迪遜中學」所發生校園暴力的問題，教師帶領學生們共同思考、蒐集資料及研擬行動方案，來預防校園暴力問題的發生。

　　首先，透過引導學生覺查存在校園內的暴力問題，如對校園暴力的想法、觀察校園中有哪些暴力問題、透過新聞媒體的資訊來了解校園暴力問題、及校園內暴力問題的嚴重程度如何等。其次，指導學生如何對校園暴力問題蒐集相關資料；並了解如何制定一個大家都願意遵守的行為準則來遏止暴力行為。再來由學生共同為「麥迪遜中學」研擬一個校園暴力預防計畫，並和社區人士分享該計畫。最後，教師引導學生自己評量在本課程中所學到的內容。

　　透過此一參與式學習的歷程，學生將了解並懂得行使身為公民最重要的權利與責任，即「公民有權利檢視與了解社會問題、表達對問題的想法，並有責任發展出解決問題的方案。」學生自己研擬校園霸凌的預防計畫，所習得的不再僅是知識層面上的蒐集、分析資料，並將小組討論及研究後的方案，以行動落實在校園中，提升學生解決問題的能力!透過學生自己關心校園問題，研擬方案

並身體力行，全部師生一起來，「預防校園暴力行動方案」才能發揮解決暴力問題的最大效能！希望能將校園暴力消弭於無形，重見祥和、友善的校園環境！

**本書編輯委員、國中公民老師　林莉婷**

# Table of Contents
## 目錄

「參與式學習」系列課程

## 預防校園暴力行動方案 ／學生手冊

# 簡介

　　現今學生在校園中不時遭受暴力相向的情形，校方必須面對並處理這個重要的問題。你們的校園裡，或許沒有暴力的問題，但每個人都有必要事先瞭解這個問題並加以預防，這點十分重要。在此，我們邀請大家一起為麥迪遜中學研擬出一套校園暴力預防計畫，藉著這個機會，大家可以探索各種相關狀況，並提出解決方案。

　　麥迪遜中學是個虛擬的學校，我們假設這個學校有暴力的問題。在下列課程中，大家將探索下列議題：

■ 校園暴力出現的原因有哪些？
■ 哪些人要為校園暴力負責？
■ 如何預防校園暴力再度發生？

首先，請你檢視自己對校園暴力的想法，然後你必須閱讀一些報上或其他地方有關校園暴力的文章，並和學校或社區中的人談談相關問題。等做完這些研究，你對校園暴力事件的嚴重程度、真正成因和具體影響，就會有深刻的瞭解。

　　當瞭解這些問題之後，你就可以開始思考解決方案。你不妨先看看其他學校的預防措施，然後和班上同學一起研擬出麥迪遜中學的校園暴力預防計畫。最後，我們希望你可以跟自己學校、社區中的其他成員，分享你們的結論與想法。

　　參與本課程的過程，就是學習行使你最重要的權利之一：每位公民都有權檢視社會上的問題，並表達自己對這些問題的想法。身為公民，我們有責任共同找出解決方案。

　　在我們開始瞭解麥迪遜中學的現況之前，先為暴力下個定義，可能對我們有所助益：

　　暴力是指運用肢體力量傷害別人，或毀損他人的所有物。從打架到謀殺都算是暴力的行為。

# 我們班同學對校園暴力有什麼樣的想法？

## ✏ 我對校園暴力有什麼樣的想法？

　　請試著針對全國校園或全國各地出現的暴力現象，表達你個人的意見與想法。

1. 處理校園暴力問題，有多重要？寫下一段簡短的文字，來表達你的觀點。
2. 在下列空白處或在另一張紙上，寫下你心目中導致校園暴力的原因。準備好和班上其他同學分享你的看法。

_____

_____

_____

_____

_____

_____

3. 針對你所寫有關校園暴力的內容，找出最接近的字詞圈起來（可複選）。

| | | |
|---|---|---|
| 酒 | 槍枝與其他武器 | 流行音樂 |
| 電玩 | 無助 | 貧窮 |
| 毒品 | 絕望 | 報仇 |
| 家庭 | 網路 | 社交孤立 |
| 恐懼／憤怒／嫉妒 | 沒有朋友 | 電視與電影 |
| 幫派 | 金錢 | |

## 我們班同學對校園暴力有什麼樣的想法？

全班同學分成小組，每組三到五個人。請在小組討論中，說明你為什麼圈選出這些字詞。小組成員必須嘗試共同決定哪個字詞最接近校園暴力的成因。

1. 前面列出來的字詞，哪一個是你們沒有討論到的？如果有的話，請試著針對這個字詞，表達圈選者可能會有的觀點。
2. 摘要記錄你們的討論內容。準備好和全班同學分享你們這組對校園暴力成因的看法。
3. 每組派出一名或多名同學，向全班說明整組的討論內容與意見。其他小組可以發表評論或提出問題。

## 我的看法有沒有改變？

經過小組討論和全班同學的意見分享之後，你的看法有沒有改變？請閱讀自己在本課程一開始時所寫的內容，用一段簡短的文字，描述自己針對校園暴力的看法，有什麼變化。

# 課程內容省思

1. 關於校園暴力，你學到哪些不同的觀點？

2. 你的看法在討論過後有沒有任何改變？

3. 你對校園暴力有什麼樣的疑問？

4. 你需要哪些額外的資訊？你要如何取得這些資訊？

# 2

## 麥迪遜中學有什麼樣的問題？

你先前已經開始討論自己和同學對校園暴力的看法。現在我們來看看麥迪遜中學的校園暴力問題。麥迪遜中學是一所虛擬的學校，可能和你們的學校相似，也可能不一樣。

如同所有真實世界中的學校，麥迪遜中學是學生安全的學習場所。問題學生其實很少，就像真正的學校一樣。依據對校園學生行為的研究顯示，百分之九十的校園問題，都是由百分之五的學生所引起，大多數學生都是按時上下學、行為表現良好、考試分數也不錯。

但這不表示我們就能忽略校園暴力的問題。我們應該採取一些行動防範問題惡化及影響更多學生。麥迪遜中學的校長和學生希望能夠處理這個問題。

### 麥迪遜中學的狀況

過去六個月對麥迪遜中學而言，是一段困難的時期。學生出現暴力行為的機率，似乎越來越高。以下是這段時間內發生的狀況：

**九月**：山普森校長把四名學生逐出校園，因為他們攜帶武器到學校。警察逮捕了其中三名學生。這些學生表示，他們需要武器來保護自己。

**十月**：三名七年級的女學生告訴山普森校長，有兩名男學生一直在騷擾她們。女學生宣稱，她們已經多次要求男學生住手。山普森校長請這些男學生和他們的父母來學校討論這件事。

**十一月**：山普森校長勒令六名學生休學，因為他們在學校打架。

**十二月**：麥迪遜中學校園附近出現槍擊事件，一名麥迪遜中學的畢業生和一名六年級的學生因此受傷。這兩個人當時站在學校對面的街道上。

**一月**：警方在週末逮捕了六名八年級的男同學，因為這些學生攻擊一名年長的男性。

**二月**：兩名女學生威脅另一名女同學，要她把午餐錢交出來，否則就要傷害她。這次的事件是在下課時間的學校洗手間發生的。

## ❝校園暴力問題所產生的影響

分組找出下列問題的答案。把答案寫在下方的空白處，或寫在另一張紙上，和全班同學分享你們的答案。

麥迪遜中學的校園暴力問題，對下列人士會產生什麼樣的影響？

對學生：＿＿＿＿＿＿＿＿＿＿＿＿＿＿＿＿＿＿＿＿＿＿＿＿＿＿＿＿＿

＿＿＿＿＿＿＿＿＿＿＿＿＿＿＿＿＿＿＿＿＿＿＿＿＿＿＿＿＿＿＿＿＿

＿＿＿＿＿＿＿＿＿＿＿＿＿＿＿＿＿＿＿＿＿＿＿＿＿＿＿＿＿＿＿＿＿

＿＿＿＿＿＿＿＿＿＿＿＿＿＿＿＿＿＿＿＿＿＿＿＿＿＿＿＿＿＿＿＿＿

對老師：＿＿＿＿＿＿＿＿＿＿＿＿＿＿＿＿＿＿＿＿＿＿＿＿＿＿＿＿＿

＿＿＿＿＿＿＿＿＿＿＿＿＿＿＿＿＿＿＿＿＿＿＿＿＿＿＿＿＿＿＿＿＿

＿＿＿＿＿＿＿＿＿＿＿＿＿＿＿＿＿＿＿＿＿＿＿＿＿＿＿＿＿＿＿＿＿

對校長：_____

_____

_____

_____

對父母：_____

_____

_____

_____

對校園活動與課程：_____

_____

_____

_____

對學校附近的居民：_____

_____

_____

_____

_____

_____

對其他群體與個人（警方、商人、醫療照護人員）：_____

_____

_____

_____

---

## 課程內容省思

1. 校園暴力在麥迪遜中學引發哪些重大問題？
2. 哪些群體可能受到校園暴力的影響最大？
3. 山普森校長擔心還有未被發現的校園暴力行為，你有什麼看法？為什麼？
4. 有些暴力行為出現在校園之外，這對校方而言有什麼不同嗎？

# 3

## 有關國內校園暴力的問題，你可以從新聞媒體學到什麼？

　　有許多社區都有麥迪遜中學這樣的問題。以下所引用的新聞報導都是真實的資料，這些資料可以協助你更加瞭解校園暴力的問題，仔細閱讀這些報導，然後回答第19頁的問題。接下來在「第五課」裡，你會學到如何蒐集更多資訊，以便更加瞭解這個問題的嚴重性。

有關校園暴力的起因與影響，你可以從新聞報導中學到些什麼？

# 紐約時報

## 模範中學試圖處理校園謀殺

記者：莎拉‧里默／紐約時報獨家報導

麻州達特茅斯（DARTMOUTH, Mass.），4月13日——今天學生們哭成一團、相互擁抱，試著接受星期一上午所發生不可思議的暴力事件：三名十多歲的青少年攜帶棒球棒、短棍與短刀等武器，闖進一所高中的社會研究課教室，刺死了一名16歲的高一學生。

學生們都難以置信，這種平時只會發生在市區學校的暴力事件，竟然出現在位處郊區的達特茅斯高中，更何況達特茅斯高中一向以穩定與安全著稱。校長唐諾‧金恩說：「孩子們一再說：『這種事應該發生在市區的學校，不該發生在這裡。』」他並找來一群專業輔導人員協助恢復校園的平靜。

被殺害的學生傑森‧羅賓森當時似乎是在一旁觀看兩群十幾歲的少年爭吵，其中有些是達特茅斯高中的學生，這兩群人彼此辱罵叫囂，警方指出：「雙方都是滿口髒話。」

達特茅斯警方表示，傑森的「美國政府課」教師詹姆士‧墨菲把手持球棒的少年扳倒在地，此時，另一名少年抽出短刀，刺進傑森的腹部，傑森在走廊上跟蹌前進了幾步，不久就倒在一名同學懷裡。

隨後，金恩校長從辦公室衝出來，跑進樓上教室裡，抓住其中一名少年，並從他的口袋裡搜出短刀。還有一名試圖逃跑的少年，在走廊上被另一名教師制伏。

「警方抵達此地之前，我們已經抓住全部三名少年，也掌握了他們所攜帶的武器。」金恩校長說。

這三名少年都被指控涉及一級謀殺罪及其他相關罪名，並收容在少年司法部門（Department of Youth Services）。

三名少年中有兩名原本就是本校學生，另一人則是最近剛轉學進來。這三人都沒有前科，在當地也不是什麼知名的人物，既不是讓人頭痛的煞星，也不是明星學生。稍後司法程序將會決定這三名十幾歲的少年要適用一般或少年的程序受審。

---

LESSON 3

## 千橡新聞紀事報

### 青少年在校園遇刺身亡
### 13歲國中生在西米谷被捕

記者史帝夫・西爾金與凱倫・西伯登報導

【西米谷訊】當大家還在因谷景國中14歲學生週二在校被刺身亡的事件感到震驚時，他們的校長唐・高迪歐索在今天上午對學生表示，校園是安全的。

「我要向每個人、向所有學生保證，昨天所發生的事只是單一事件。」高迪歐索校長在開始上課之前，透過廣播系統向全校宣布。

西米谷警方已在校園內部及四周派員巡邏，以確保學生安全。校長也告訴學生，如果想和駐校心理醫師談一談，可以隨時跟老師說。

有關當局指出，14歲的查德・哈伯德在放學時遇刺身亡。有個13歲的九年級同學因為涉案而受到羈押。

警方指出，嫌犯由於涉嫌謀殺被捕，今日上午仍在羈押中。由於他未成年，有關當局依法不能透露他的姓名。

「他們似乎彼此認識……」西米谷警察局的迪克・湯瑪士指出，兩人打來打去的結果，「最後由一個人刺殺另一個人收場。」警方已掌握案件中用來犯案的小刀。

哈伯德非常熱衷打棒球，而且在西米谷參加了好幾個不同的球隊。

「他是個很棒的棒球隊員……而且是個很好的年輕人。」在聖塔・蘇沙納男童棒球隊小馬分隊負責擔任管理職務的邁克・法瓦指出。

在西米谷警局已經待了二十二年的湯瑪士表示，這類案件在西米谷可是史無前例。

在週二晚間按例行召開的董事會上，學校董事會成員與地區官員都對此事深表震驚，其中有好幾個人還頻頻拭淚。

「這真是最可怕的惡夢。」助理督學蘇珊・帕克指出，「這和我們一切的努力，全都背道而馳。」

「我們見過車禍死亡、自殺身亡，可是從沒見過在校園中也會發生這種事……真的是人生無常。」中等教育主管萊絲莉・克朗尼爾表示。

記者雷・修伊、珍・考登・摩爾與史考特・葛瑞夫司共同報導。

———————

## 霸凌問題困擾校園
## 許多人指出：這真是個問題

——— 史帝夫‧波恩菲爾德與琳達‧藍特報導／加涅特新聞通訊社 ———

**幾乎每個成人都會記得在校園所受的威脅：有個氣燄囂張的同學，隨時可能給你一拳，就是霸凌。**

幾乎每個校園裡都有霸凌的問題。

「我待過的大部分學校，都有霸凌的問題。」紐約州南威斯特卻斯特郡教育服務理事會（Board of Cooperative Educational Services of Southern Westchester（County），N.Y.）的臨床心理學家納撒尼爾‧佛洛依德博士[1]（Nathaniel M. Floyd, PhD）指出。

「不守規矩往往是因為過於衝動、缺乏節制。學童在校園中常表現出這種情形。」

在加州恩西諾沛普丁大學的全國校園安全中心（National School Safety Center at Pepperdine University in Ecino Calif.），也和佛洛依德博士一樣，對此現象感到憂慮，他們所出版的秋季期刊，就專門探討這個主題。這個中心負責辦理一個由聯邦政府出資的課程，目的在防範校園犯罪，他們指出霸凌「可能是我們校園中最被低估的問題。」

**百分之三的受害者**

挪威伯根大學（University of Bergen in Norway）從事被害者研究的丹‧歐維斯教授[2]（Dan Olweus, PhD）指出，從全國的角度來看，這個問題其實十分嚴重。在全國校園安全中心所出版的期刊裡，歐維斯發表專文指出：美國校園中約有兩百一十萬霸凌施暴者，以及兩百七十萬的霸凌受害者。他的研究發現，從一年級到九年級，有百分之三的學生每週會遭受一次的霸凌，其中有些人遭受霸凌的頻率甚至更高。

東尼‧約翰生指出：「我看到很

---

[1] 納撒尼爾‧佛洛依德博士：兒童臨床心理學家，也是頗受歡迎的反霸凌演說家，同時擔任暴力預防協會執行長一職，該協會以服務紐約地區為主。在這過去三十年來，佛洛依德博士與其他專家不斷直言霸凌的問題未曾減緩。

[2] 丹‧歐維斯教授：曾任職於挪威伯根大學健康促進中心，擔任教授暨研究員，是研究霸凌問題的先驅，也是全球在此領域數一數二的專家，同時也是第一位研究「教師霸凌學生」問題的研究者。歐維斯教授因其研究以及輔導處遇等工作獲獎無數，包括兒童發展研究學會（Society for Research in Child Development, SRCD）頒發的「兒童公共政策傑出貢獻獎」以及美國心理學學會在2011年所頒發的傑出貢獻獎，以表彰其對於促進心理學在全世界發展的成就。

多霸凌的現象，有很多人喜歡彼此捉弄。」，他是達摩因校區的小學顧問兼愛荷華學校顧問協會（Iowa School Counselors' Association）的會長。

佛洛依德博士另外指出，雖然校方常常忽視此類衝突摩擦，而把它們當作成長過程中不可避免的不愉快經驗，不過有某些事件後來出現了極端的發展。在舊金山，有個五年級學生因為每天受到霸凌與騷擾，最後和母親共同起訴請求三十五萬一千美元的賠償，指控學校行政人員未能盡到保護之責。

他說：「霸凌無處不在，而且不會因為畢業就停止。在往後的人生階段裡，他們還是會在工作上、或在人際關係上，繼續霸凌其他人。霸凌會成為一種生活的方式。」

**未能處理的問題**

儘管佛洛依德博士指稱，這個可能影響深遠的問題，可以在校園裡就先加以杜絕，有些學術單位還是未能公開處理這個問題。芝加哥全國家長教師會的發言人泰・馬歇爾，就不願針對全國校園安全中心有關霸凌的報導發表評論。

另外有些受害者則被迫採取悲劇性的手段來解決問題。像是在密蘇里州，有個七年級生為了結束同校同學數年來的騷擾，從背包裡掏出一把槍，先槍擊了其中一位施暴者，然後舉槍自盡。

大家對校園裡的霸凌現象一再出現並不感到意外。

「在我們的文化裡，容忍霸凌行為的程度簡直令人訝異。」尤金市奧瑞岡社會學習研究所的研究員傑洛德・派特森指出，「在電視節目和小說裡，凡是擅長使用肢體暴力的人就是英雄。」

# 內華達上訴報

## 學生攜帶武器
## 星期二少年法庭應訊

瑞克斯‧鮑威報導

上週被控攜帶好幾種武器進入卡爾森高中校園的十六歲少年，今天即將在少年法庭出庭應訊，他同時還被指控在稍早的另一起事件中，持有致命性的武器。

二月一日，有人以匿名電話向校方密報，這名學生因在學校停車場的車子裡藏有武器而被捕。

他被送往少年看守所，並因為在校區內持有致命性武器的罪名遭到起訴。從那時起，就被收容在少年看守所。

內華達州的法律規定，學生只要在學校所屬範圍內持有致命性的武器，一律勒令退學。

由於卡爾森事警察局持續調查的結果，這名少年曾因在一月二十八日星期五的另一起事件中，持有致命性的武器，而遭到逮捕。

根據警方的說法，這名少年在上午七點十五分左右，在高中校園附近的薩里曼路上，用球棒襲擊另一名少年。

副局長伯尼‧寇爾提斯指出，他們在一月二十九日就獲報這起事件，但因為受害者不希望事態擴大，所以當時並未列入調查。其他警員則指出，藏在卡爾森高中的武器被揭發出來之後，整個情況因此轉變。

根據一月二十八日的事件報導，有兩群少年積怨已久，其中一群人對另一群人展開威脅。由於有人比出不雅的手勢，致使對方驅車猛追。

報導指出，有個落單的少年中途停下來，結果被四個人包圍。有人拿球棒重擊少年的下半背部與手肘兩次，導致他骨頭挫傷，整個衝突在此時結束。

寇爾提斯指出，案件重啟調查之後，他們發現高中校園攜帶武器的嫌犯，也就是球棒攻擊事件的元兇。

---

## 〃你有什麼看法？

1. 從這些新聞報導中，你對校園暴力問題的嚴重性，有什麼樣的想法？
2. 從這些新聞報導中，你對校園暴力發生的原因，有什麼樣的想法？
3. 從這些新聞報導中，有關校園暴力對學生、家長與社區的影響，你有什麼樣的想法？
4. 報紙、電視、廣播與其他新聞媒體，如何影響我們對校園暴力問題嚴重性的觀感？

---

### 課程內容省思

1. 閱讀報紙或收看電視新聞，瞭解有關校園暴力的報導。看這些新聞報導如何描述這個問題的嚴重性，尋找其中所提供的可能解決方案，準備和全班同學分享你的研究成果。

2. 為了更加瞭解校園中的暴力問題，設立一個「公布欄：暴力問題與預防」，放進一些從報章雜誌上所蒐集與暴力問題相關的報導。把公布欄分成兩部分：
（1）暴力相關報導；（2）解決方案。

---

# 4 國內的校園暴力有多嚴重？

　　山普森校長藉由報紙和新聞雜誌瞭解暴力問題。他看過一些報導針對學生的暴力行為類型進行分析，也看過一些報導說明年輕人出現暴力行為的頻率，有幾篇報導還指出暴力的成因，例如：

■ 來自同儕的壓力，包括幫派、社團和其他小團體成員等。

■ 家庭的問題，包括在家裡或在學校，家長對孩子都漠不關心。

■ 毒品與酒精。

■ 在社區內、電視上、電影裡、電動遊戲中和網路上，過度接觸暴力。

■ 槍枝容易取得。

　　山普森校長也看到暴力在校園中對學生產生的影響。這些影響包括：

■ 害怕在學校受到傷害。

■ 未成年逮捕、收容或羈押。

■ 疏離家人與朋友。

■ 在校表現不佳。

■ 受傷。

■ 死亡。

　　看報紙只是瞭解問題的方法之一。我們需要許多資訊來幫助我們瞭解問題的範圍、本質與嚴重性。我們應透過各種不同的來源，尋找相關資訊。

山普森校長要如何判定，資訊的來源是否可靠？

　　山普森校長希望更進一步瞭解這個問題。有一天下午，他帶著電腦到學校圖書館，希望從網路上找到一些所需的資訊。

　　山普森校長連上網頁後，先輸入了「校園暴力」的關鍵字，他搜尋了好幾分鐘，才找到自己想要的資料——好幾百條與校園暴力相關的資訊條目。

　　他下載了一些看來最相關的頁面，然後帶著手提電腦到公園，進一步詳細閱讀這些頁面。

## ⌗校長針對校園暴力學到了什麼？

　　山普森校長看了許多相關報告，有些內容就放在下面幾頁。

　　統計圖表是提供資訊的重要來源。本書中的圖表是供你練習之用，你也可以從相同或不同的來源，找到目前的最新資料。只要仔細研究這些圖表，就能看出不同的行為模式。

山普森校長如何從社區裡取得有關校園暴力的資訊？

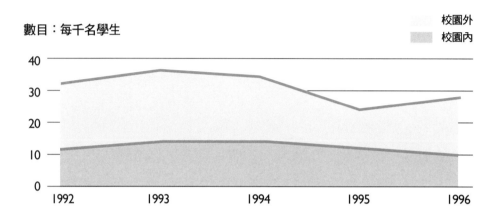

**圖表一
學生在校園內外所遭受的嚴重暴力攻擊**

數目:每千名學生

校園外
校園內

40

30

20

10

0

1992　　　　1993　　　　1994　　　　1995　　　　1996

註解:嚴重暴力攻擊包括謀殺、強暴、其他形式的性侵害、自殺、身體攻擊或械鬥以及搶劫。
資料來源:美國司法部司法統計局,〈全國犯罪被害調查:1992到1996〉。

## 請看圖表一:學生在校園內外所遭受的嚴重暴力攻擊

■ 圖表中包含了哪幾類的暴力攻擊?

■ 比較校園內外所發生的暴力攻擊次數差異為何?

■ 從1992年到1996年,這個問題是增加還是減少?

■ 從這張圖表看來,你覺得學生是在校內還是在校外比較安全?你同意這個結論嗎?為什麼?

■ 這張圖表的資料來源是什麼?

## 圖表二
## 校內持械傷人事件

十二年級的學生，指出在過去十二個月內，曾在校內遭受他人持械傷害的比例，
依性別分類：1976-1996

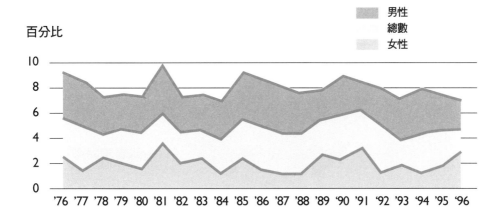

百分比

男性
總數
女性

註解：「持械」包括小刀、槍枝與棍棒等；「在校內」指的是在學校建築內外或校車上。
資料來源：密西根大學社會研究所調查研究中心，〈監控未來研究：1976到1996〉。

## 請看圖表二：校內持械傷人事件

■ 圖表中的統計包含了哪幾種武器？這些數字反映的是哪個年齡層的統計
數字？

■ 比較容易在校內遭到持械傷害的是男學生還是女學生？

■ 從這張圖表看來，你覺得校內持械的問題是越來越嚴重、還是越來越減
少？為什麼？

■ 這張圖表的資料來源是什麼？

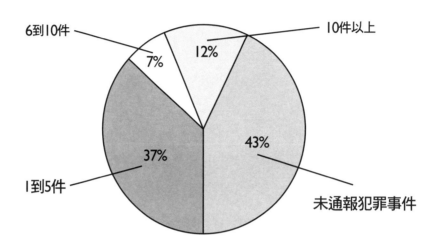

圖表三
公立學校校內通報犯罪事件百分比：1996-97

資料來源：美國教育部全國教育統計中心，快速回答普查系統，〈校長／校園推動紀律調查：校園暴力〉，FRSS63, 1997。

註解：校內通報犯罪事件的總數，是以警方曾接獲校方通報的犯罪事件數目總和計算而成，這些事件包括：謀殺、強暴或其他形式的性侵害、自殺、身體攻擊或械鬥、打鬥、搶劫、偷竊或竊盜、破壞公物等，由於四捨五入的關係，整個百分比加起來可能不是百分之百。

**請看圖表三：公立學校校內出現犯罪事件百分比：1996-97**

■ 圖表中的統計包含了哪些類型的犯罪事件？

■ 這些犯罪事件是通報給誰？為什麼知道這點很重要？

■ 從這張圖表所顯示的百分比看來，你認為大多數校園安不安全？為什麼？

■ 這張圖表的資料來源是什麼？

圖表四
公立學校各類犯罪事件的數目：1996-97

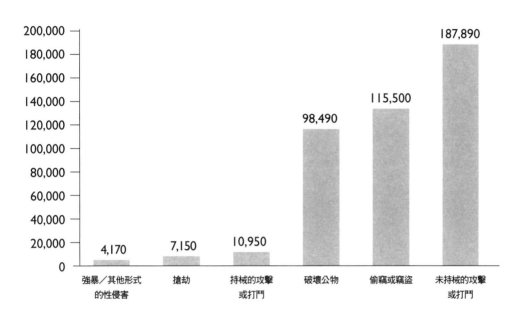

資料來源：美國教育部全國教育統計中心，快速回答普查系統，〈校長／校園推動紀律調查：校園暴力〉，FRSS63, 1997。

### 請看圖表四：公立學校各類犯罪事件的數目：1996-97

■ 誰向「全國教育統計中心」通報這些犯罪事項？

■ 圖表中的統計包含了哪些類型的犯罪事項？

■ 哪一類犯罪事項最常出現？你同意這些是校園內最常出現的犯罪事項嗎？
　為什麼？

## 圖表五
## 公立學校校長針對某些紀律問題所回答自己的學校嚴重程度的
## 百分比：1990-91與1996-97

| 紀律問題類型 | 問題嚴重程度 | | | | | | | |
|---|---|---|---|---|---|---|---|---|
| | 1990-91 | | | | 1996-97 | | | |
| | 很嚴重 | 中等 | 有一點 | 不嚴重 | 很嚴重 | 中等 | 有一點 | 不嚴重 |
| 學生缺席／蹺課 | 5 | 20 | 40 | 35 | 4 | 21 | 46 | 29 |
| 學生之間的肢體衝突 | 3 | 20 | 53 | 25 | 1 | 20 | 59 | 21 |
| 搶劫或偷竊美金十元以上的物品 | (+) | 7 | 31 | 62 | 1 | 5 | 37 | 58 |
| 破壞學校財產 | 1 | 11 | 42 | 46 | 2 | 6 | 49 | 43 |
| 學生飲酒 | 3 | 7 | 17 | 72 | 2 | 5 | 19 | 74 |
| 學生吸毒 | 1 | 5 | 20 | 74 | 2 | 8 | 20 | 70 |
| 校內販售毒品 | (+) | 1 | 11 | 89 | (+) | 2 | 15 | 83 |
| 學生持有武器 | (+) | 3 | 16 | 81 | (+) | 2 | 21 | 77 |
| 非法入侵 | 1 | 6 | 27 | 67 | (+) | 4 | 25 | 71 |
| 老師的言語虐待 | 2 | 9 | 44 | 45 | 2 | 10 | 46 | 42 |
| 老師的肢體虐待 | (+) | 1 | 8 | 91 | 0 | 2 | 9 | 89 |
| 族裔間的緊張關係 | (+) | 5 | 21 | 74 | (+) | 3 | 24 | 73 |
| 幫派 | ＋＋ | ＋＋ | ＋＋ | ＋＋ | (+) | 4 | 19 | 76 |

＋＋：指資料無法取得，因為1991年的調查當中，並不包含此項目。

（＋）：指少於0.5%。

資料來源：美國教育部全國教育統計中心，快速回答普查系統，〈校長/校園推動紀律調查：校園暴力〉，FRSS63, 1997。

註解：由於四捨五入的關係，整個百分比加起來可能不是百分之百。

---

### 請看圖表五：公立學校校長針對某些紀律問題所回答自己的學校嚴重程度的百分比：1990-91與1996-97

■ 誰向「全國教育統計中心」通報這些紀律問題？

■ 請你們自己製作一張圖表，顯示1990-91年每種紀律問題的數目，和1996-97的數目相比的狀況。

■ 從你們自己製作的圖表上，可以得到什麼樣的結論？

## ▌校長另外還考慮了哪些問題？

　　山普森校長關上電腦之後，覺得自己對這個問題的瞭解還不夠徹底。他還有很多問題沒有找到答案，例如：

■ 還有哪些關於校園暴力現況的統計數字可以取得？
■ 家長對校園暴力瞭解多少？有什麼看法？
■ 專家認為校園暴力的成因是什麼？
■ 暴力在社會上對年輕人的影響是什麼？
■ 學生、老師、校方行政人員以及社區中其他人，對校園暴力瞭解多少？有什麼看法？
■ 校園暴力這個問題在我們的社區和我們這一州，有多嚴重？

---

### 課程內容省思

1. 針對校園暴力，你們還有什麼問題？
2. 年輕人接受問卷調查，回答有關毒品、武器與暴力的問題時，真實性有多高？
3. 學校和社區裡有哪些人，可以協助你們蒐集有關校園暴力問題的資訊？你們選擇的每個資訊來源，各有什麼樣的優點與缺點？
4. 你們如何確定所得的資訊可靠、正確，而且對各方都很公平？
5. 寫一封信給本地報社的編輯，說明你們的研究成果，以及你們對校園中暴力問題的看法。

---

# 5

## 你們該如何針對校園暴力問題，蒐集相關資訊？

　　山普森校長知道大多數學生都喜歡蒐集資訊，他決定請這些學生來幫忙。他請對這個計畫有興趣的人，到學校自助餐廳來和他碰面，然後把學生分成好幾組，有些學生負責利用電腦搜尋資料，有些學生負責訪問學校和社區人士，還有個小組負責打電話給專家。等所有學生都蒐集到足夠的資訊之後，他們就會加以分析，然後再和參與計畫的同學以及校長分享這些資訊。

你們班上也可以採取同樣的方式來進行這個計畫。老師會把大家分成幾個小組，每個小組負責下列工作：

## 第一組

利用圖書館及網路針對全國校園暴力的嚴重程度蒐集資訊，進行研究。

## 第二組

利用圖書館及網路針對大家心目中校園暴力的成因蒐集資訊，進行研究。

## 第三組

利用圖書館及網路針對校園暴力對學生、教師、學校環境與社區的影響蒐集資訊，進行研究。

## 第四組

訪問家長、學生、老師、校長、警察、商人和其他人士。針對社區人士對校園暴力問題的看法，蒐集資訊。

## 第五組

當面或透過電話訪問專家。同時寫信給本地知名的專家，這些專家可能包括少年法庭的法官、醫護人員、公務員或關心校園暴力問題的利益團體[3]（interest group）的成員。針對這些專家對校園暴力的看法蒐集資訊。

---

[3]利益團體是指基於共同利益或興趣的一群人所組成的團體，其成立主要是為了擁護或促進某種共同利益或目標的達成。

## 小組的工作

全班分成五個小組，每個小組應先召開一次小組會議，負責下列工作：

1. 選出一名組長。
2. 列出可以用來進行研究的資料來源。如果要利用網路蒐集相關資訊，就要先想好可以用來進行研究的關鍵字。
3. 列出小組要完成的所有任務。
4. 決定每個人負責的任務。
5. 決定小組成員開會的日期與時間，以檢視討論所蒐集的資訊。

第35到39頁的學習單，是進行研究與採訪的指引。把你們要用來蒐集資料的所有來源列成一張表，筆記內容也要盡量完整，如此一來，才能根據所得資訊，進一步擬定計畫，設法解決麥迪遜中學的校園暴力問題。

## 〃小組完成研究之後，該採取的行動

　　等資訊蒐集完成後，就可以和全班分享所得的研究成果。小組報告的內容應包括所蒐集的資訊摘要、研究結論以及主要資料來源。

---

### 課程內容省思

1. 以下資料來源（網路、圖書館、信件與訪談等），能提供什麼樣的價值？
2. 擁有各式各樣的資料來源，是否有用？為什麼？
3. 你們在進行研究的過程中，碰到了哪些問題？
4. 你們可以採取什麼行動，以避免未來再度碰上類似的問題？

---

LESSON
5

## 全國校園暴力的嚴重程度

引用資料的標題與出版或發表時間：

出版或發表這份資料的組織或個人：

如果是引用網路資料，網址是：

關於全國校園暴力的嚴重程度，這份文件包含的資訊是：

文件中所附表格、圖表或圖示（如果有的話）：

依據這個資料來源所得的資訊，關於全國校園暴力的嚴重程度可以得到哪些結論？

LESSON 5

## 校園暴力的成因

引用資料的標題與出版或發表時間：

出版或發表這份資料的組織或個人：

如果是引用網路資料，網址是：

關於全國校園暴力的成因，這份文件包含的資訊是：

文件中所附表格、圖表或圖示（如果有的話）：

依據這個資料來源所得的資訊，關於全國校園暴力的成因可以得到哪些結論？

## 校園暴力造成的影響

引用資料的標題與出版或發表時間：

_____

_____

出版或發表這份資料的組織或個人：

_____

_____

如果是引用網路資料，網址是：

_____

_____

關於我國校園暴力產生的影響，這份文件包含的資訊是：

_____

_____

文件中所附表格、圖表或圖示（如果有的話）：

_____

_____

依據這個資料來源所得的資訊，關於我國校園暴力造成的影響可以得到哪些結論？

_____

_____

| 學校成員對校園暴力的瞭解程度與態度 |
| --- |

受訪者姓名：

_____

受訪者在社區中的角色（中學生、高中生、家長、老師、校長）：

_____

_____

向受訪者自我介紹。向對方說明你正在研究的問題，然後請教對方下列問題：

1. 你認為我們學校有暴力問題嗎？為什麼？

2. 如果有，它的原因可能是什麼？

3. 如果有，它對我們的學校和社區可能造成哪些影響？

4. 採取哪些行動，有可能解決這個問題？

5. 我們學校和社區中，哪些人應該共同設法找出方案以解決這個問題？

你們小組可以另外想一些問題，在訪問時提出來。此外，記得仔細傾聽對方的回答，從對方的回答中，或許就會引發你接下來想問的問題。

## 社區人士對校園暴力的瞭解程度與態度

受訪者姓名：

受訪者在社區中的角色（醫護人員、少年觀護人[4]（juvenile probation officer）、社區行動團體的成員、商人、社區義工、其他人士）：

組織名稱：

電話號碼：

向受訪者自我介紹。向對方說明你正在研究的問題，然後請教對方下列問題：

1. 你認為我們學校有暴力問題嗎？為什麼？

2. 如果有，它的原因可能是什麼？

3. 如果有，它對我們的學校和社區可能造成哪些影響？

4. 採取哪些行動，有可能解決這個問題？

5. 我們學校和社區中，哪些人應該共同設法找出方案以解決這個問題？

你們小組可以另外想一些問題，在訪問時提出來。此外，記得仔細傾聽對方的回答，從對方的回答中，或許就會引發你接下來想問的問題。

---

[4] 少年觀護人，負責處理七歲以上十八歲未滿之兒童、少年有觸犯刑罰法律的行為，或十二歲以上十八歲未滿之少年有少年事件處理法所定虞犯行為等兒童及少年保護事件的調查、審理與執行，以我國現行制度而言，少年觀護人在調查、審理階段稱為少年調查官，在執行階段稱為少年保護官，其功能在協助法官作出明智的裁判，保障兒少獲得健全的自我成長，調整其成長環境，並矯治其性格。

虞犯係指少年有下列情形之一，依其性格及環境，而有觸犯刑罰法律之虞者：經常與有犯罪習性之人交往者、經常出入少年不當進入之場所者、經常逃學或逃家者、參加不良組織者、無正當理由經常攜帶刀械者、吸食或施打煙毒或麻醉藥品以外之迷幻物品者、有預備犯罪或犯罪未遂而為法所不罰之行為者。

# 6

## 麥迪遜中學如何負起處理校園暴力問題的責任？

　　山普森校長思考該如何處理麥迪遜中學的暴力問題。他決定該由行政人員、教師、學校員工、學生、家長以及社區人士，包括警察人員，一起負起責任，找出這個問題的解決方案。

　　首先，山普森校長把學校可以用來預防暴力的相關職責列成一張表，以下就是山普森校長的部分筆記內容。

### 學校的責任是什麼？

　　安全的校園應該是「有紀律的環境－沒有毒品與暴力」。安全的學校應該要能確保所有使用校園設施的人，包括員工、教師與訪客，都能平安愉快。學校行政人員有責任維護校園安全，讓全體學生都能在安全的環境中學習，所謂安全的環境，指的是每個人在其中都能免於身心傷害或財產毀損的恐懼。校方為了提供學生良好學習環境，通常會盡量做到下列的職責：

### 1、公平而合理的校規

　　校方要負責制訂公平而合理的校規，讓校園裡所有的人，不管是學生或成人，都能共同遵守。

安全而有紀律的學習環境
有哪些優點？

　　這些校規設計的目的應在於：
■ 提供安全、有秩序且能夠加強學習效果的環境。
■ 保障全體學生平等的學習機會。
■ 避免對學生不公平的歧視。
■ 建立公平的方式來處理因校規而引發的衝突。
■ 提供合理而公平的方式，用來處置違反校規的學生。

## 2、公平的建構校規與法令

　　教師與行政人員要負責建構校規與法令，因為這些校規與守則能夠協助
他們以公平而合理的態度管理學校。所有學生都應該：
■ 瞭解他們必須遵守的校規與守則，以及必須遵守這些規定的原因。
■ 有機會表達他們對校規和守則的看法。
■ 有機會在合理與合法的前提下，協助制訂校規。

## 3、公平執行校規與法令

　　學校有責任以公平而合理的態度執行校規與守則。教師與行政人員有責任執行校規與守則，防止學生打架滋事與使用武器，其方法包括：

■ **找出違規的學生**：他們要負責找出攜帶武器到校的學生，以及在校園內或校園附近出現暴力行為的學生。

■ **沒收武器**：校方要負責沒收學生攜帶到校的武器，並將這些武器轉交給當地的執法單位。

■ **處罰學生**：校方有責任處罰持有武器、有暴力行為、侵占或毀損他人財物的學生。

教師與行政人員
如何公平執行校規與法令？

## 4、公正處理有無違反校規的爭議

　　教師與行政人員在處理因校規而引發的爭議時，有責任以正當的程序公平對待被指控的學生。學生疑似違規或被指控違規時，無論是蒐集資訊或進

行決策的方式，都應該透過正當的程序,[5]來進行。舉例而言：

■ 在通報暴力事件或疑似暴力事件時，學生的身分應受到保護，不被洩漏。
■ 除非理由充分，否則學生的身體及財物應受到保護，不會被搜查。
■ 學生應該被告知自己被指控的內容。
■ 學生有權利為所受的指控提出辯解，並且提出自己的說法。
■ 學生有權利請他人代表他們發言和舉證。
■ 受到公平而公正的審判。

## 5、公平處置違規的學生

教師與行政人員要負責以公平而合理的態度處置違規的學生，目的在於：
■ 在錯誤或傷害發生時，設法將其導正或復原。
■ 預防傷害他人的學生再犯。

## 6、維護校園安全

校方有責任維護校園安全，以便：
■ 保護學生不受其他學生的傷害。
■ 防止未受邀請的訪客與滋事份子進入校園。

## 7、社區保護

校方要負責透過下列方式，協助維護、促進社區的安全與福祉：
■ 隨時關注學生在校園的行為。
■ 得知或聽說學生在校外違法時，主動通知家長與執法單位。

---

[5] 關於該部分內容所指校方處理學生疑似有暴力行為時，應符合「正當程序原則」的要求，可同時參考下列聯合國兒童權利公約第四十條、我國少年事件處理法第三條之一，以及刑事訴訟法第九十五條等與學生有關的權利事項規定。詳請參閱附錄（第87頁）。

在學生上下學的途中，有哪些方式
可以保護學生？

## 8、教育課程

　　校方有責任提供課程，協助學生與家長以不必訴諸暴力的方法解決衝突。此外，校方也要負責擬定危機處理計畫，以因應隨時可能出現的問題。這類計畫可能包括：

■ 通知有關單位。

■ 提供學生與家長諮商。

■ 邀請社區公益服務機構參與。還有誰能負責為麥迪遜中學的校園暴力問題
　 找出解決方案？

## 還有誰能負責為麥迪遜中學的校園暴力問題找出解決方案？

山普森校長發現，校方人員必須負起多種職責。他心想，不知道社區裡是否有其他人，能夠一起分擔相關責任，共同找出校園暴力問題的解決方案？有些問題的根源不在學校，而在家庭或社區，如果麥迪遜中學的暴力問題始於社區或學生的家庭，其他人就應分擔責任，協助解決這個問題。

你認為誰該協助麥迪遜中學找出問題的解決方案？說明每個角色所負的責任。

| 在學校或教育體系之內（除了校長與教師之外），哪些人有責任協助解決這個問題？ | 這個人／這個團體有什麼責任？ | 社區中哪些人有責任協助解決這個問題？ | 這個人／這個團體有什麼責任？ |
|---|---|---|---|
| 1、員工 | 訓誡 | 1、警察 | 保護兒童的責任 |
| 2、 | | 2、 | |
| 3、 | | 3、 | |
| 4、 | | 4、 | |
| 5、 | | 5、 | |
| 6、 | | 6、 | |

## 〃其他學校如何解決校園暴力的問題？

　　山普森校長想知道其他學校如何解決校園暴力的問題。他打了好幾通電話，向多位中學校長請教，結果獲得一些有趣的建議。他寫下其中一些建議，但他不確定這些方法在麥迪遜中學是否適用。以下是一些其他學校的建議：

### 1、針對毒品、武器與威脅他人的行為，訂定清楚而明確的校規：

　　凡是違反這些規定的學生，都知道一定會有嚴重的後果，例如被學校退學。

### 2、在學校所有科目的學習內容中，都加入一個研究暴力問題的特殊單元

■ 在自然與健教課程，研究毒品對身體與腦部的影響。

■ 在社會課程，研究毒品與槍械管制法[6]，學習公共政策如何協助預防暴力。

■ 數學課的學生找出校園暴力的相關資訊，學習用容易解讀的圖表與表格，來說明各種統計數字。

■ 語文相關課程的學生，閱讀暴力受害者的故事，並討論這些故事如何應用在日常生活中。

■ 藝術與人文課程的學生製作反暴力宣傳海報，並在校內展示自己的作品。

---

[6] 我國目前主要是以「毒品危害防制條例」作為處罰毒品犯罪之法律依據。此外，因部分毒品（例如第二級毒品安非他命）同時也是「藥事法」所列的禁藥，現行司法實務判決之見解認為「藥事法」是「毒品危害防制條例」之後法，且為重法，故公告為禁藥的部分毒品應優先適用「藥事法」之規定加以處罰。
我國目前是以「槍砲彈藥刀械管制條例」、「自衛槍枝管理條例」等規定作為管制槍砲、彈藥、刀械之法律依據。
以上與毒品、槍械相關之法規內容可利用「全國法規資料庫」網站加以檢索。

### 3、邀請家長共同參與

學校邀請家長擔任義工，在上學前、放學後，以及午休時段，在校園四周巡迴守護，同時鼓勵家長更積極參與子女的學校作業與相關活動。

### 4、邀請社區成員共同參與

學校要求警察在校園附近巡邏，並邀請政府單位的人員積極參與，包括公共衛生單位以及少年法庭的人員等。另外學校還可以邀請社區團體提供輔導員、顧問以及其他可以到教室提供協助的人員。

### 5、建立夥伴系統

每個學生都找個特定的夥伴，這個人可能是社區義工，也可能是學校裡的學長姐。這樣每個學生都有人可以分擔心裡的疑慮，也可以獲得良好的忠告。

鼓勵學生協助解決校園暴力問
題，如何能改善校園安全問題？

## 6、運用金屬探測器來找出武器

這樣就可以檢查書包以避免藏匿武器。

## 7、擬定校園安全計畫

校園四周設置圍牆，管制進入校園建築，同時針對洗手間進行監控。有些學校會要求訪客配戴識別證，有些會雇用保全人員或請警察到校園駐守。

## 8、檢查置物櫃

有些學校會定期檢查學生的置物櫃，而且不會事先通知學生。

### 9、提供課後活動

學校提供課後活動，讓學生在放學之後有事可做。學生可以學習一種運動、培養一種新嗜好，或者接受課後輔導。這些活動可以在校內進行，也可以在社區活動中心進行。

### 10、提供諮商輔導服務與校園心理師

全體學生都很容易就能獲得諮商輔導人員與心理師的輔導。諮商輔導人員經過特殊訓練，能夠輔導有個人問題或社會問題的年輕人，校園心理師則能找出心理方面的問題，並提供治療。

### 11、提供領導訓練課程

讓學生可以學會某些技巧，例如如何透過調解解決衝突，如何克制怒氣等。另外學生還可以學會，如何和背景不同或興趣不同的個人和團體，一起生活與共事。

### 12、 提供電話熱線

讓學生可以打電話進來通報武器、毒品、霸凌，以及其他危及校園安全的事件。

## 哪些暴力預防計畫可以在麥迪遜中學產生效果？

山普森校長很高興自己徵詢過其他中學校長的意見。他心想，不知道哪些建議可以在麥迪遜中學產生效果。

經過一番思考，山普森校長決定組成一個委員會來評估這些建議。他想

知道這些建議是否合理，而其中又有哪些作法可以讓他的學校受益。他邀集了學生、家長、教師、學校員工與社區成員來組成這個委員會。

　　想像你是山普森校長這個委員會的成員。和同學一起組成一個五人小組，每個人各自代表不同委員會成員的不同觀點。山普森校長設計了一張表，其中包括八項標準或準則，運用這張表來衡量各項相關建議。老師會指定每個小組應該評估的建議事項。準備好和全班同學分享你們的想法。

為何委員會成員所採取的立場，可能會取決於他／她所扮演的角色？

| 評估暴力預防計畫 |
|---|

建議：

_____

_____

### 1、公平而合理的校規
這項建議是否能產生公平而合理的校規，以處理校園暴力的問題？ 是 □ 否□
建議：

_____

_____

### 2、公平的建構校規與法令
這項建議是否有助於以公平而合理的方式建構校規？ 是 □ 否□
建議：

_____

_____

### 3、公平執行校規與法令
這項建議是否能協助教師與行政人員找出有暴力行為的學生，以便給予適當的處罰，或在必要時通知警方？ 是 □ 否□
建議：

_____

_____

（接下頁）

（續前頁）

## 評估暴力預防計畫

這項建議是否能協助教師與行政人員採取行動，制止學生持有武器或以暴力行為攻擊別人？

是 □　　否□

建議：

_____

_____

### 4、公正處理有無違反校規的爭議

這項建議是否能以正當的程序公平對待疑似或被指控違規的學生？　是 □　　否□

建議：

_____

_____

_____

這項建議是否能維護學生的權利，讓學生只有在理由充分的情況下，身體或財物才會受到搜查？

是 □　　否□

建議：

_____

_____

### 5、公平處置違規的學生

這項建議是否能公平處置違規的學生？　是 □　　否□

建議：

_____

_____

_____

（接下頁）

（續前頁）

## 評估暴力預防計畫

### 6、維護校園安全

這項建議是否能保護學生不受其他學生的傷害，同時防止未受邀請的訪客與滋事份子進入校園？

是 □　　否□

建議：

### 7、社區保護

這項建議是否有助於維護並促進本身所在社區的安全與福祉？　是 □　　否□

建議：

### 8、教育課程

這項建議是否有助於學生學習不必訴諸暴力、就能解決衝突的方式？　是 □　　否□

建議：

考量你們對這項建議的評估內容。你們會支持這項建議？以任何方式調整這項建議？還是拒絕這項建議？說明你們的決定。

# 課程內容省思

1. 你們針對校園暴力的解決方案，學到了什麼？
2. 搜查學生的物品，在校園裡一直是個敏感議題。暴力問題的重要性，是否足以用來正當化這類搜查？請老師和全班同學分享1985年美國最高法院針對這個問題的判決：紐澤西 v. T.L.O., 105 U.S. 733 (1985)。

老師搜查學生的物品時，涉及哪些個人權利？

# 一個好的規定，是如何產生的？

山普森校長知道麥迪遜中學需要一套完善而可行的計畫，來遏止暴力行為。因此，他認為他應該調整規範校園紀律的校規。他知道麥迪遜中學的學生行為準則需要修改，因此他再度和學生共同討論行為準則的內容，以及如何增加新的規定，來處理暴力問題。

山普森校長要如何在學生的隱私權與學校維護學生安全的
責任之間，求取平衡？

## 哪些想法可以促成好的規定？

山普森校長心想，學生需要一套制定完善準則的標準，這樣小組就可以應用這套標準來修改麥迪遜中學的學生行為準則。於是在會議一開始，山普森校長就提出一連串的規定，並要求學生針對每條規定進行討論，決定此一規定是否完善，如果不夠完善，原因何在。如果不是一個好的規定，學生必須說明其中的問題所在。山普森校長希望透過這樣的活動，發展出一套程序，讓委員會可以用來制定完善的行為準則。

## 如何評估規定？

以下有六個步驟或問題。運用這些問題來討論下個段落當中的每個情境，每個規定的討論用不同張的紙來書寫，或者也可以利用第61頁上的表格。準備好和全班同學分享你們的看法。

1. 這個人或團體訂定了什麼規定？
2. 為什麼這個人或團體認為有必要訂定規定？
3. 除了訂定規定之外，還有哪些其他的方式，可以用來處理這個問題？
4. 由於這項規定，可能會引發哪些結果？
5. 這項規定有哪些優點和缺點？這項規定：
   - 是否公平？
   - 是否容易瞭解？
   - 是否經過良好的規劃，足以達成目標？
   - 期待的目標是否清楚？
   - 是否經過規劃後，不會在沒有必要的情況下，牴觸其他的價值觀，例如正當的程序、隱私或自由？
   - 是否能遵守？
6. 對於這項規定，你們決定保留？修改？還是廢除？為什麼？

## 這些規定與法令能不能合乎我們的標準？

1. 威廉女士是中學校長，她很煩惱，因為有學生在午休時間打架，於是她訂定了下列規定：

   **打架被抓到的學生，整個午休時段和放學之後兩個小時，都要被留置在特定教室，直到高中畢業為止。**

2. 羅德里奎茲先生是中學教師，他很擔心有學生穿戴幫派色彩的服飾來上課，所以他宣布：

   **凡是到我班上來上課的學生，如果穿著只適合街頭幫派和小圈圈的服裝，就會馬上被送去校長室，任憑校長處置。**

3. 國內暴力問題很嚴重，所以總統要求國會制定下列法律：

   **全民必須表現出良好的行為，針對暴力問題做出正確的事。**

4. 李先生是學校督學，他很擔心自己學區內的校園暴力問題，所以訂定了下列規定：

   **疑似攜帶武器到校的學生，都會馬上被送往少年觀護所，直到年滿十八歲為止。**

哪些資訊有助於判斷麥迪遜中學的校規是否有效與公平？

5. 州長很擔心校園暴力問題，她建議制定這項法律：

**只要是攻擊師長或其他學生的人，就不能繼續接受公私立或任何形式的教育。**

6. 為了預防在當地中學出現暴力與偷竊問題，市政府通過了一項命令：

**中學生騎腳踏車上學是違法的。**

7. 在學校辦活動時，為了防範有人持有武器，學生會因此訂定了下列規定：

**每個男學生必須先清空口袋，才能進入校園舞會。**

| 什麼才是好的規定？ | |
|---|---|
| 缺點 | 好的規定應該是…… |
| 1 | |
| 2 | |
| 3 | |
| 4 | |
| 5 | |
| 6 | |
| 7 | |

### *你們能不能制定規定？*

　　如果山普森校長要求你們訂定一項規定，來協助解決麥迪遜中學的問題，你們會訂定什麼規定？把你們的規定寫在下列空白處，和全班同學分享你們的規定。請其他學生進行評估，看這條規定是否符合好規定的標準。

_____

_____

_____

_____

## 你們要如何修改麥迪遜中學的學生行為準則？

你們可以向老師索取麥迪遜中學的學生行為準則進行檢視，也可以選擇檢視自己學校的行為準則。應用你們在本課中所學到的「一個好的規定，是如何產生的？」同時運用你們在「什麼才是好的規定？」表中所列的各種想法，來評估這些行為準則。這些準則是否清楚明確？是否前後一致？是否符合正當的程序？是否公平？

### 課程內容省思

1. 學習「訂定好規定」，如何有助於防範校園暴力？
2. 學生在校園中有哪些行為應該受到鼓勵，以避免必須訂定新的規定或法令？

# 8

## 如何為麥迪遜中學研擬校園暴力預防計畫？

　　山普森校長對麥迪遜中學的學生有信心。他知道這些學生會有解決校園暴力問題的好點子；而且他認為，讓學生協助決定學校的政策，他們就會對這些政策更加瞭解，也更加尊重。

有效的校園暴力預防計畫
應設法達到哪些目標？

想像一下山普森校長邀請你們班上的學生，來為麥迪遜中學研擬校園暴力預防計畫。運用下列步驟來達成這個目標。

首先，全班分成幾個小組，每組大約五個人。每組都先為麥迪遜中學研擬一份校園暴力預防計畫，然後再提出各組最精華的想法，共同組成全班的預防計畫。

## 〃校園暴力預防計畫預定達成的目標

在為麥迪遜中學擬定計畫之前，先思考一下你們想要達成什麼目標。你們應該先設定這份計畫想要達成的明確目標，這就是這份計畫的目的。例如：明年之前，我們的校園就能沒有暴力，而且能夠提供一個有紀律的環境，有助於學習。

---

### 我們的校園暴力預防計畫的目標

目標一：
_____

_____

目標二：
_____

_____

目標三：
_____

_____

---

## 我們的計畫中應包含哪些策略？

現在你們已經有了一組目標，可以開始研擬計畫。一份有效的預防政策或計畫，通常會包含下列三項策略：

### 教育

一份良好的校園暴力預防計畫可以協助學生瞭解暴力的成因與影響，包括身體上、心理上、社會上與法律上的後果，這些知識可以協助年輕人依據資訊做出明智的選擇。一份良好的計畫可以協助學生學習跟不同的人相處與共事，並以和平的方式解決衝突，也可以讓學生明白如果有需要的時候，可以到哪裡求助。一份良好的暴力預防計畫可以提供學生支持與正面的榜樣。

麥迪遜中學可以做些什麼，來教育學生瞭解有關暴力的問題？校方可以做些什麼，來幫助學生學會透過和平的手段解決衝突？學校如何提供支持與正面的榜樣？把關於「教育」的想法，寫在第67頁的計畫表內。

### 發現問題

　　校園暴力預防計畫中很重要的一部分，是要找出校園中潛在的暴力問題。一份良好的暴力預防計畫可以協助校方行政人員找出校園中的毒品與武器，也可以幫助他們找到威脅他人的學生。一個好的計畫會注意避免侵犯個人的權利。

麥迪遜中學可以採取哪些作法，來找出校園中的毒品與武器？校方行政人員如何找出威脅他人的學生？把關於「發現問題」的想法，記錄在第67頁的計畫表內。

LESSON

8

### 回應措施

　　回應措施是我們發現有人違反校規時，所採取的行動，也是有人碰上問題、需要幫助時，我們所採取的行動。一份良好的暴力預防計畫會包括一系列的回應措施，可能是包括提供治療或輔導，以協助某人處理問題或衝突，也可能是某種處罰，例如休學或勒令退學。有時適當的回應措施是把違法的人直接交給警方，回應措施也要能預防學生再次犯下相同的錯誤，以及預防其他人犯錯。

針對攜帶毒品和武器到校的學生，麥迪遜中學應該採取哪些回應措施？針對威脅他人的學生，校方該採取哪些行動？如果學生有問題或有衝突需要解決，校方又該採取哪些回應措施？把關於「回應措施」的想法，記錄在第67頁的計畫表內。

**運用之前課程所學習的內容，來協助你研擬一份良好的計畫：**
- 社會上暴力的成因。
- 校園中暴力問題日益嚴重。
- 訂定好規定的標準。
- 評估解決方案，以預防校園暴力。

## 計畫表

教育：
_____

_____

_____

_____

_____

發現問題：
_____

_____

_____

_____

_____

回應措施：
_____

_____

_____

_____

## ✓如何評估小組的預防計畫？

在第五課中，我們學過如何評估暴力預防計畫。現在請你們利用下列的評估檢查表，來評估小組所研擬的計畫。

| 評估檢查表 |
| --- |
| 你們的建議方案是否能夠協助年輕人瞭解校園中暴力的成因與影響？ 是 □　　否□<br>說明： |
| 你們的建議方案是否能夠協助年輕人和不同的個人與團體相處與共事？這些建議方案是否有助於培養和平解決衝突的技巧？ 是 □　　否□<br>說明： |
| 你們的建議方案是否能為有需求的學生，提供輔導與治療之類的服務？ 是 □　　否□<br>說明： |
| 你們的建議方案是否能夠確保校園維持安全穩定？ 是 □　　否□<br>說明： |

（接下頁）

（續前頁）

| 評估檢查表 |
| --- |

你們的建議方案是否能夠協助校方找出校園中的毒品與武器？是 □　　否□
說明：

你們的建議方案是否能夠協助有關當局找出威脅他人的學生？ 是 □　　否□
說明：

你們針對違規所建議的回應措施，是否符合比例原則？是 □　　否□
說明：

你們的建議方案是否能為有需求的學生，提供治療或輔導？ 是 □　　否□
說明：

你們的建議方案是否需要學生、教師、校長、家長與社區成員等共同參與執行？是 □　　否□
說明：

如何研擬有效的校園暴力預防計畫？

## 如何與全班分享小組的麥迪遜中學校園暴力預防計畫？

　　現在你們已經評估過小組的預防計畫，可以開始準備向全班進行說明。每個小組都應該把計畫寫在紙上，然後選出一名代表，負責向全班進行說明，其他小組成員則在班上同學提出問題時，負責回應。

## 全班如何共同研擬出一份麥迪遜中學校園暴力預防計畫？

1. 各組先向全班說明小組的計畫，在說明過程中，班上同學可以提出問題。
2. 選出一名學生來帶領全班進行討論。另外選出一名學生，負責記錄全班所做的決定。
3. 全班應該針對各組所提出的想法進行討論，並考量所有提案的優點和缺點。
4. 全班根據各組所提出的建議，共同為麥迪遜中學研擬一份校園暴力預防計畫。這份計畫應包括下列主題：

■ 目標
■ 教育
■ 發現問題
■ 回應措施
■ 合憲性
■ 結論

## ✍ 我們如何確定所研擬的計畫不會侵犯個人權利？

　　為了維護人權，美國各州憲法以及美國憲法與權利法案會限制政府所能採取的行動。

麥迪遜中學的學生如何確定他們的校園暴力預防計畫不會違反美國憲法？

校方或政府要採行某項政策或制定某項法規時，都不應該侵犯任何人的人權。我們應負起責任檢視政策與法規，看看這些政策與法規是否違反憲法對政府所作的限制。

下列檢查表包含某些聯邦憲法與各州憲法為了維護我們的權利，對學校和政府所作的重要限制。請確定從你們的角度來看，你們的建議計畫並未侵犯這些權利。

| 合憲性檢查表 |
| --- |

學校就像政府一樣，不能干涉個人的信仰自由。我們所提的建議計畫有／無違反這項憲法上的限制。請說明理由。

_____

_____

_____

學校就像政府一樣，不能對個人透過言論、著作或其他方式表達意見的權利，施加不合理與不公平的限制。我們所提的建議計畫有／無違反這項憲法上的限制。請說明理由。

_____

_____

_____

（接下頁）

（續前頁）

## 合憲性檢查表

美國最高法院指出[7]，凡是被控犯下嚴重罪行的學生，都應該有機會參與聽證調查，為自己提出辯護。我們所提的建議計畫有/無違反這項規定。請說明原因。

---

---

---

學校就像政府一樣，所制訂的規定不能以不合理或不公平的方式，對不同種族、宗教、年齡、族群、國籍或性別的人，加以歧視。我們所提的建議計畫有/無違反這項法律。請說明原因。

---

---

---

學校就像政府一樣，不能在缺乏正當理由的情況下，侵犯個人的隱私。我們所提的建議計畫有／無違反這項憲法上的限制。請說明原因。

---

---

---

[7] 我國憲法中也有與美國憲法相同為了維護我們的權利而對學校和政府所作之重要限制，以下是我國憲法中為維護我們權利相關條文之介紹，供各位讀者參考：
（1）關於信仰權利的保障：請參考我國憲法第13條規定：「人民有信仰宗教之自由。」
（2）關於言論、著作、表達意見權利的保障：請參考我國憲法第11條規定：「人民有言論、講學、著作及出版之自由。」
（3）關於犯罪時參與聽證、為自己辯護權利的保障：請參考我國憲法第8條第1項規定：「人民身體之自由應予保障。除現行犯之逮捕由法律另定外，非經司法或警察機關依法定程序，不得逮捕拘禁。非由法院依法定程序，不得審問處罰。非依法定程序之逮捕、拘禁、審問、處罰，得拒絕之。」
（4）關於不得以種族、宗教、年齡、族群、國籍或性別予以歧視，亦即平等權的保障：請參考我國憲法第5條規定：「中華民國各民族一律平等」及第7條規定：「中華民國人民，無分男女、宗教、種族、階級、黨派，在法律上一律平等。」
（5）關於隱私權的保障：請參考我國憲法第12條規定：「人民有秘密通訊之自由。」及第22條規定：「凡人民之其他自由及權利，不妨害社會秩序公共利益者，均受憲法之保障。」並可參考司法院大法官會議釋字第585號、603號、631號解釋。

# 9

## 如何和社區內其他人士分享我們的校園暴力預防計畫？

　　山普森校長對麥迪遜中學學生所擬的校園暴力預防計畫引以為傲。他請學生將他們的計畫與學校成員及其他社區人士分享。

### 「麥迪遜中學校園暴力預防計畫」簡報的準備

　　為了方便大家準備簡報，老師會把全班分成幾組，每組負責準備其中一個部分，簡報應包含：

■ **展示板或學習檔案**，用來完整展示與呈現你們為麥迪遜中學所擬定的校園暴力預防計畫，呈現方式必須清楚易懂，引人注意。展示內容應該列出所有資料來源。

■ **口頭報告**，說明你們校園暴力預防計畫的想法，你們要針對書面報告的內容進行說明，必要時應該詳細說明其中細節。全組成員都應該準備回答其他人的提問。

### 簡報希望達成的目標

　　做簡報可以增加你們與人分享重要構想的經驗。很多人會希望瞭解你們的想法，你們應該廣邀各方人士來參加，包括校長、其他老師、學生、家長

教師會（PTA）[8]的成員、學校董事與行政人員等，另外你們也應該邀請社區人士，包括警察、民意代表與地方首長，他們都會對你們的想法深感興趣。當然也別忘了邀請在過程中協助你們完成這項計畫的人。

## 簡報的基本目標：

■ 傳達讓聽眾瞭解校園暴力問題的嚴重性。
■ 說明校園暴力預防計畫的所有細節。
■ 回答現場聽眾提出的問題。
■ 說明你們在研究此計畫的過程中所學到的事項。

## ◢簡報的架構

「麥迪遜中學校園暴力預防計畫」簡報可以運用以下架構：

### 1、簡介與目的

■ 描述全國與校園中的暴力問題。
■ 回顧班級暴力預防計畫研究與發展的過程。
■ 說明你們這份報告的目的，以及整個暴力預防計畫的目標。
■ 提出報告大綱，並介紹負責報告的組員。

### 2、教育

說明此部分計畫的重點——如何讓學生瞭解暴力問題，以及解決爭端的各種替代方式。

---

[8] 家長教師會（PTA）：在美國，通常家長與教師會共同組成家長教師會（PTA），台灣的情況則是分別組成家長會與教師會。

### 3、如何預防

說明此部分計畫的重點——如何讓學生避免運用暴力來解決衝突。

### 4、發現問題

說明此部分計畫的重點——如何協助確認校園中的暴力行為，以及找出犯下暴力行為的人和校園中的武器。

### 5、回應措施

說明此部分計畫的重點——如何預防和阻止暴力行為，如何處置在校園中傷害其他同學或成人的學生。

### 6、合憲性

說明你們的暴力預防計畫並未牴觸美國憲法與權利法案[9]。

### 7、結論

回顧為何校園暴力是個嚴重的問題，以及你們的計畫如何試圖解決這個問題。預測這項計畫推動之後可能產生的結果。

## 如何進行有效的簡報

### 進行有效簡報的方式：

■ 全班應預先規劃進行方式。

■ 選出一名學生擔任主持人。

■ 介紹班上同學、老師，以及研究過程中和你們合作過的人。簡要介紹整個計畫大綱。說明你們研擬計畫的過程。

■ 向聽眾介紹你們將如何進行簡報，在每組的說明告一段落時，邀請聽眾提問。

■ 準備回答問題。聽眾可能會要求你們說明更多的細節，或者進一步澄清某些論點，也可能會要求你們舉例說明或為某項論點辯護。

■ 各組在簡報開始時，先介紹小組成員。每個學生都應該參與部份報告內容。小組所有成員都應該協助回答聽眾所提出的問題。

你們的簡報形式應該要能反映你們在研擬麥迪遜中學校園暴力預防計畫時，所採取的合作式學習模式。說明時可以照著簡報唸，或者依照自己的方法來說明，就像平常與別人對話一樣。你們的想法與看法一定要以事實為根據。

---

[9]美國憲法與權利法案等相關文件原文與中譯版可至司法院全球資訊網與美國在台協會網站查詢。

　　簡報結束之前，先邀請聽眾針對你們的預防計畫發表意見：他們認為哪些部分最有效？有哪些班上沒有預料到的問題？

　　在簡報結束後向聽眾致謝，並邀請他們參觀展示內容。每一張展示海報旁邊至少要有一位同學，以便回答問題。

# 我們如何評量在本課程中所學到的內容？

省思本身的學習經驗，或自己曾經完成的事項，是很棒的！它能夠避免未來的錯誤，也能提升自己解決問題的能力。

現在班上已經完成了自己的校園暴力預防計畫與相關的簡報活動，接下來你們應該思考兩個基本問題：

1. 你和同學學到了什麼？如何學到的？
2. 如果要針對同一個問題或另一個問題，再擬訂另外一個不同的預防計畫，你們可能會採取哪些不同的做法？

在全班合作之下，回顧與省思本身的學習經驗，這和你們在本課程中所採取的學習模式有點類似，你們在回顧與省思的時候，一方面要站在個人的立場，一方面也要從身為全班一份子的角度來思考。

## 回顧與省思個人在本課程中所學到的內容

### 思考下列問題：

1. 回到第一課，閱讀你在第一個練習活動中所寫的內容，你的看法有沒有改

變？如果你的看法改變了，你現在的看法是什麼？

2. 關於全國校園暴力問題的嚴重程度，你瞭解了多少？又社區裡的校園暴力問題呢？

3. 在研擬這個預防計畫的過程中，你學會或加強了哪些技能？

4. 在和同學共同研擬預防計畫的過程中，你學到了什麼？

5. 你對全班完成的預防計畫滿意嗎？為什麼？

6. 麥迪遜中學的校園暴力問題，有可能出現在你們學校嗎？為什麼？

## 省思全班共同的經驗

1. 我們全班從研擬預防計畫中學到什麼？

2. 我們在研擬這個預防計畫的過程中，學會或加強了哪些技能？

3. 分成小組來運作，有哪些優點和缺點？

4. 我們在哪些地方表現不錯？

5. 如果要針對另一個問題，再擬訂一個不同的預防計畫，我們可能會採取哪些不同的做法？

## 省思我們參與民主運作的經驗

1. 生活在民主社會中的人們享有特定的權利。你們在執行本課程所賦予的任務時，行使了哪些權利？

2. 生活在民主社會中的人們也必須負起特定的責任。你們在執行本課程所賦予的任務時，盡到了哪些責任？

3. 公職人員應該要回應選民的需求。你們在執行本課程所賦予的任務時，有沒有接觸到公職人員？這些公職人員是否能夠及時且樂意提供協助？

4. 關於政府的組織與行政程序，你們學到了什麼？

5. 在你們進行研究的過程當中，可能曾經向其他預防暴力的相關組織與團體索取過一些資料。把你們曾經接觸過的組織或團體列出來，並針對每個組織或團體回答下列問題：

■ 這個組織或團體的使命是什麼？
■ 這個組織或團體是否試圖影響公共政策？如果是的話，他們如何達到這個目標？
■ 為什麼會有人想加入這個組織或團體？是不是任何人都可以加入？
■ 這個組織或團體是否協助推動民主？

　　下面列出一些民主社會應該提倡的**基本價值**與**原則**。檢視是否與你們的預防計畫或和你們在本課程中所獲得的經驗相關。

麥迪遜中學的學生在未來如何應用解決問題的新技能？

## ⫶ **價值觀**

■ 維護個人權利
■ 維護生命（包括生活品質）
■ 維護自由
■ 提倡正義
■ 提倡全民福祉
■ 提供平等的機會
■ 尊重多元
■ 尊重法治
■ 追求真相

## ⫶ **原則**

■ 主權在民（政府的權力源自於人民）
■ 公職人員是人民的僕人，而非主人
■ 全民都必須守法
■ 個人的權利不會因不同的性別、宗教、語言、國籍或屬於少數族群，而受到限制或剝奪

　　我們在下面列出一些民主社會中，公民應該具備的態度與人格特質。檢驗其中有沒有哪些和你們的預防計畫或和你們在本課程中所獲得的經驗相關。
■ 公民意識
■ 有禮貌
■ 有同理心
■ 勇氣
■ 誠實
■ 負起個人責任

■ 協商、折衝與妥協
■ 開放的心態
■ 愛國心
■ 堅毅
■ 尊重他人的權利
■ 尊重法治
■ 自律／自我管理

　　我們在下面列出一些公民有效參與民主運作所需具備的技能。檢驗其中有沒有哪些和你們的預防計畫或和你們在本課程中所獲得的經驗相關。
■ 找出自己社區中的問題
■ 描述自己社區中的問題
■ 說明自己社區中的問題
■ 評估他人對於社區問題的看法
■ 針對社區中的某個問題找出自己的立場
■ 為自己的立場辯護
■ 找出政府針對這個問題做了什麼
■ 針對這個問題，發揮影響力，讓政府接受你的立場

　　無論是從個人或身為團體一份子的角度，你（們）都應該持續培養解決問題的技能，因為未來一定用得到這些技能。要記得，用來解決學校、社區與社會問題的預防計畫經常需要調整或更新。各種新興以及不斷改變的問題，也都需要新的預防計畫來因應。參與研擬預防計畫是自治社會中所有公民一輩子的責任。

## 把報告寄給民間公民與法治教育基金會

為響應本書英文版「邀請讀者分享與回饋」的活動，本書中文版也很高興能收到你們「預防校園暴力行動方案」的研究內容，我們會把你們的想法和全國各地的其他學校分享。

你們可以提供下列資料：
■ 研究所得的重要統計數據
■ 你們所做的圖表
■ 你們所設計的標誌、卡通人物與口號
■ 你們全班的預防計畫
■ 計畫簡報的相關資訊
■ 聽眾或社區對此計畫的反應與迴響

**歡迎讀者請把資料寄到：**
民間公民與法治教育基金會
104 台北市中山區松江路100巷4號5樓
Email:civic@lre.oreg.tw

# 附錄

## 【兒童權利公約第四十條】

一、簽約國對觸犯刑法而被起訴、問罪，或被認定為有罪的兒童，要承認他有權利要求合乎提升其尊嚴與價值之處置方式。此種方式應考慮能夠加強兒童對他人之人權與基本自由之尊重，並適合兒童年齡之差別，與對兒童之社會重整和促進其擔任建設社會之角色有所貢獻為準。

二、簽約國為達成此目的，應注意有關國際文件之條款，並特別保證下列事項：

1. 任何兒童均不得因在他實際行為發生時，國內或國際法並無禁止其行為或不行為為理由，而被認為涉嫌違反刑法，甚至被追訴或被認定有罪。

2. 被指控觸犯刑事法而被問罪或被確定有罪之兒童，至少應保證下列各種事項：

   （1）依據法律證明有罪，否則應認定為無罪。

   （2）對其被懷疑之事實能夠直接迅速被告知。或在適當情況下經由父母或法定監護人告知本人。在準備自我辯護以及提出抗辯之際，亦應受到法律或其他適當之協助。

   （3）在依據公正之法律審理，和法律或其他適當協助下，並經特別考慮兒童之年齡與其狀況，認為會損及其最佳利益者外，要在兒童之父母或法定監護人出席之下，經有權限之獨立、公平機構或司法機關，毫不延遲地作迅速裁決。

   （4）不得被迫作證或自白。可以對不利於自己之證人提出質問。並可以在平等之條件下，要求對自己有利之證人出席與詢問。

   （5）被認為觸犯刑法時，對其認定與結果之處置，必須依據法律，並經有權限之較高級獨立、公平機關或司法機關再審。

   （6）要讓兒童瞭解審理機關所使用之語言。若為兒童不會使用之約語言時，應提供免費之翻譯。

   （7）在訴訟之全部過程中，應充分尊重兒童之隱私。

三、簽約國應為觸犯刑法而被起訴、問罪、或被認定為有罪之兒童，特別設置適用之法律，程序與機構設施。並應特別注意下列事項：

   1. 要規定無觸犯刑事能力之最低年齡。

   2. 最適當、最好之方法是，要建立使兒童能在充分尊重人權與法律保障之下，不必經由司法程序而作適當處理之途徑。

四、為保證合乎兒童福祉，並以適合兒童之狀況和犯罪之情況作適當之處理，應採取養護、輔導以及監督命令、觀護、認養、教育以及職業訓練計畫，和代替設施內養護等各種措施。

## 【少年事件處理法第三條之一】

警察、檢察官、少年調查官、法官於偵查、調查或審理少年事件時，應告知少年犯罪事實或虞犯事由，聽取其陳述，並應告知其有選任輔佐人之權利。

## 【刑事訴訟法第九十五條】

訊問被告應先告知下列事項：

一、犯罪嫌疑及所犯所有罪名。罪名經告知後，認為應變更者，應再告知。

二、得保持緘默，無須違背自己之意思而為陳述。

三、得選任辯護人。如為低收入戶、中低收入戶、原住民或其他依法令得請求法律扶助者，得請求之。

四、得請求調查有利之證據。無辯護人之被告表示已選任辯護人時，應即停止訊問。但被告同意續行訊問者，不在此限。

但上開權利的行使，不是毫無界限，在符合比例原則的要求下，也可以給予必要的限制；這也就是憲法第二十三條的意涵，享有權利，也應該要審慎而妥當的行使。

# 【校園霸凌防制準則】

| | 第一章　總則 |
|---|---|
| 第 1 條 | 本準則依教育基本法第八條第五項規定訂定之。 |
| 第 2 條 | 本準則所稱主管機關：在中央為教育部；在直轄市為直轄市政府；在縣（市）為縣（市）政府。 |
| 第 3 條 | 本準則用詞，定義如下：<br>一、霸凌：指個人或集體持續以言語、文字、圖畫、符號、肢體動作或其他方式，直接或間接對他人為貶抑、排擠、欺負、騷擾或戲弄等行為，使他人處於具有敵意或不友善之校園學習環境，或難以抗拒，產生精神上、生理上或財產上之損害，或影響正常學習活動之進行。<br>二、校園霸凌：指相同或不同學校學生與學生間，於校園內、外所發生之霸凌行為。<br>三、學生：指各級學校具有學籍、接受進修推廣教育者或交換學生。<br>前項第一款之霸凌，構成性別平等教育法第二條第一項第五款所稱性霸凌者，依該法規定處理。 |
| 第 4 條 | 各級主管機關及學校應以預防為原則，分別採取下列防制機制及措施，積極推動校園霸凌防制工作：<br>一、主管機關應彈性調整及運用學校人力，擔任學生事務及輔導工作，並督導學校建構友善校園環境。<br>二、主管機關及學校應加強實施學生法治教育、品德教育、人權教育、生命教育、性別平等教育、資訊倫理教育、偏差行為防制及被害預防宣導，奠定防制校園霸凌之基礎。<br>三、學校每學期應定期辦理相關之在職進修活動，或結合校務會議、導師會議或教師進修研習時間，強化教職員工防制校園霸凌之知能及處理能力。<br>四、學校得善用優秀退休教師及家長會人力，辦理志工招募研習，協助學校預防校園霸凌及強化校園安全巡查。<br>五、學校應利用各項教育及宣導活動，鼓勵學生對校園霸凌事件儘早申請調查或檢舉，以利蒐證及調查處理。<br>學生家長得參與學校各種防制校園霸凌之措施、機制、培訓及研習，並應配合學校對其子女之教育及輔導。 |
| | 第二章　校園安全及防制機制 |
| 第 5 條 | 學校為防制校園霸凌，準用校園性侵害性騷擾或性霸凌防治準則第四條、第五條規定，將校園霸凌防制，納入校園安全規劃。 |
| 第 6 條 | 學校應加強教職員工生就校園霸凌防制權利、義務之認知；學校教職員工生於進行校內外教學活動、執行職務及人際互動時，應發揮樂於助人、相互尊重之品德。<br>校園霸凌防制應由班級同儕間、師生間、親師間、班際間及校際間共同合作處理。 |
| 第 7 條 | 學校應透過平日教學過程，鼓勵及教導學生如何理性溝通、積極助人及處理人際關係，以培養其責任感、道德心、樂於助人及自尊尊人之處事態度。<br>學校及家長應協助學生學習建立自我形象，真實面對自己，並積極正向思考。 |

| 第 8 條 | 學校對被霸凌人及曾有霸凌行為或有該傾向之學生，應積極提供協助、主動輔導，及就學生學習狀況、人際關係與家庭生活，進行深入了解及關懷。 |
|---|---|
| 第 9 條 | 教師應啟發學生同儕間正義感、榮譽心、相互幫助、關懷、照顧之品德及同理心，以消弭校園霸凌行為之產生。<br><br>教師應主動關懷及調查學生被霸凌情形，評估行為類別、屬性及嚴重程度，依權責進行輔導，必要時送學校防制校園霸凌因應小組確認。 |

### 第三章　校園霸凌之處理程序及救濟方式

| 第 10 條 | 學校應組成防制校園霸凌因應小組，以校長為召集人，其成員應包括導師代表、學務人員、輔導人員、家長代表、學者專家，負責處理校園霸凌事件之防制、調查、確認、輔導及其他相關事項；高級中等以上學校之小組成員，並應有學生代表。<br><br>學校召開防制校園霸凌因應小組會議時，得視需要邀請具霸凌防制意識之專業輔導人員、性別平等教育委員會委員、法律專業人員、警政、衛生福利、法務等機關代表及學生代表參加。<br><br>第一項小組成員，應參加由各級主管機關自行或委由師資培育之大學、設有社會工作或輔導系、所之大學或其他專業團體或機構辦理之培訓。<br><br>各級主管機關應辦理或協調師資培育之大學、設有社會工作或輔導系、所之大學或其他專業團體或機構應提供適當之培訓機會，以充實小組成員之培訓管道。 |
|---|---|
| 第 11 條 | 疑似校園霸凌事件之被霸凌人或其法定代理人（以下簡稱申請人），得向行為人於行為發生時所屬之學校（以下簡稱調查學校）申請調查；學校於受理申請後，應於三日內召開防制校園霸凌因應小組會議，開始處理程序，並於受理申請之次日起二個月內處理完畢，以書面通知申請人調查及處理結果，並告知不服之救濟程序。<br><br>導師、任課教師或學校其他人員知有疑似校園霸凌事件時，應即通報校長或學務單位，學校應就事件進行初步調查，並於三日內召開防制校園霸凌因應小組會議，開始處理程序。<br><br>學校經學生、民眾之檢舉（以下簡稱檢舉人）或大眾傳播媒體、警政機關、醫療或衛生福利機關（構）等之報導或通知，知有疑似校園霸凌事件時，應就事件進行初步調查，並於三日內召開防制校園霸凌因應小組會議，開始處理程序。<br><br>非調查學校接獲申請、通報、檢舉或通知，知有疑似校園霸凌事件時，除依第二十一條規定通報外，應於三日內將事件移送調查學校處理，並通知當事人。 |
| 第 12 條 | 校園霸凌事件之申請人或檢舉人得以言詞、書面或電子郵件申請調查或檢舉；其以言詞或電子郵件為之者，學校應作成紀錄，經向申請人或檢舉人朗讀或使其閱覽，確認其內容無誤後，由其簽名或蓋章；申請人或檢舉人拒絕簽名、蓋章或未具真實姓名者，除學校已知悉有霸凌情事者外，得不予受理。<br><br>前項書面或依言詞、電子郵件作成之紀錄，應載明下列事項：<br>一、申請人或檢舉人姓名、身分證明文件字號、服務或就學之單位與職稱　、住居所、聯絡電話及申請調查日期。<br>二、申請人申請調查者，應載明被霸凌人之就讀學校、班級。<br>三、申請人委任代理人代為申請調查者，應檢附委任書，並載明申請人及受委任人姓名、身分證明文件字號、住居所、聯絡電話。<br>四、申請調查或檢舉之事實內容，如有相關證據，亦應記載或附卷。 |

| 第 13 條 | 二人以上行為人分屬不同學校者，以先受理申請調查或檢舉之學校負責調查，相關學校應派代表參與調查。<br><br>行為人已非調查學校或前項參與調查學校之學生時，調查學校應以書面通知行為人現所屬學校派代表參與調查，被通知之學校不得拒絕。<br><br>學制轉銜期間受理調查或檢舉之事件，管轄權有爭議時，由其共同主管機關決定之；無共同主管機關時，由各該主管機關協議定之。 |
| --- | --- |
| 第 14 條 | 校園霸凌事件調查處理過程中，為保障行為人及被霸凌人（以下簡稱當事人）之學習權、受教育權、身體自主權及人格發展權，必要時，學校得為下列處置，並報主管機關備查：<br><br>一、彈性處理當事人之出缺勤紀錄或成績評量，並積極協助其課業，得不受請假、學生成績評量相關規定之限制。<br>二、尊重被霸凌人之意願，減低當事人雙方互動之機會；情節嚴重者，得施予抽離或個別教學、輔導。<br>三、避免行為人及其他關係人之報復情事。<br>四、預防、減低或杜絕行為人再犯。<br>五、其他必要之處置。<br><br>當事人非屬調查學校之學生時，調查學校應通知當事人所屬學校，依前項規定處理。<br>前二項必要之處置，應經防制校園霸凌因應小組決議通過後執行。 |
| 第 15 條 | 學校調查處理校園霸凌事件時，應依下列方式辦理：<br><br>一、調查時，應給予雙方當事人陳述意見之機會；當事人為未成年者，得由法定代理人陪同。<br>二、避免行為人與被霸凌人對質。但基於教育及輔導上之必要，經防制校園霸凌因應小組徵得雙方當事人及法定代理人同意，且無不對等之情形者，不在此限。<br>三、學校基於調查之必要，得於不違反保密義務之範圍內，另作成書面資料，交由行為人、被霸凌人或受邀協助調查之人閱覽或告以要旨。<br>四、學校就當事人、檢舉人、證人或協助調查人之姓名及其他足以辨識身分之資料，應予保密。但基於調查之必要或公共利益之考量者，不在此限。<br>五、申請人撤回申請調查時，為釐清相關法律責任，調查學校得經防制校園霸凌因應小組決議，或經行為人請求，繼續調查處理；主管機關認情節重大者，應命學校繼續調查處理。 |
| 第 16 條 | 依前條第四款規定負有保密義務者，包括學校參與調查處理校園霸凌事件之所有人員。<br>依前項規定負有保密義務者洩密時，應依刑法或其他相關法規處罰。<br><br>學校或相關機關就記載有當事人、檢舉人、證人及協助調查人姓名之原始文書，應予封存，不得供閱覽或提供予偵查、審判機關以外之人。但法規另有規定者，不在此限。<br><br>調查處理校園霸凌事件人員，就原始文書以外對外所另行製作之文書，應將當事人、檢舉人、證人及協助調查人之真實姓名及其他足以辨識身分之資料刪除，並以代號為之。 |
| 第 17 條 | 學校防制校園霸凌因應小組之調查處理，不受該事件司法程序是否進行及處理結果之影響。<br>前項之調查程序，不因行為人喪失原身分而中止。 |
| 第 18 條 | 行為人及其法定代理人，應配合學校調查程序及處置。<br>學校於調查程序中，遇被霸凌人不願配合調查時，應提供必要之輔導或協助；未提供者，主管機關應積極督導學校處理。 |

| | |
|---|---|
| 第 19 條 | 學校完成調查後，確認成立校園霸凌事件者，應立即啟動霸凌輔導機制，<br>並持續輔導行為人改善；行為人非屬調查學校學生時，應將調查報告、輔導或懲處建議，移送行為人現所屬學校處理。<br><br>前項輔導機制，應就當事人及其他關係人，訂定輔導計畫，明列懲處建議或第十四條規定之必要處置、輔導內容、分工、期程，完備輔導紀錄，並定期評估是否改善。<br><br>當事人經定期評估未獲改善者，得於徵求法定代理人同意後，轉介專業諮商、醫療機構實施矯正、治療及輔導，或商請社政機關（構）輔導安置。<br><br>學校確認成立校園霸凌事件後，應依霸凌事件成因，檢討學校相關環境及教育措施，立即進行改善，並針對當事人之教師提供輔導資源協助；確認不成立者，仍應依校務會議通過之教師輔導與管教學生辦法，進行輔導管教。 |
| 第 20 條 | 校園霸凌事件情節嚴重者，學校應即請求警政、社政機關（構）或檢察機關協助，並依少年事件處理法、兒童及少年福利與權益保障法、社會秩序維護法等相關規定處理。 |
| 第 21 條 | 導師、任課教師或學校其他人員知有疑似校園霸凌事件及學校確認成立校園霸凌事件時，均應立即按學校校園霸凌防制規定所定權責向權責人員通報，並由學校權責人員依兒童及少年福利與權益保障法、校園安全及災害事件通報作業要點等相關規定，向直轄市、縣（市）社政及教育主管機關通報，至遲不得超過二十四小時。<br><br>依前項規定為通報時，除有調查必要、基於公共利益考量或法規另有規定者外，對於當事人、檢舉人、證人及協助調查人之姓名或其他足以辨識其身分之資料，應予以保密。 |
| 第 22 條 | 學校將調查及處理結果，以書面通知申請人及行為人時，應一併提供調查報告，並告知不服之申復方式及期限。<br><br>申請人或行為人對學校調查及處理結果不服者，得於收到書面通知次日起二十日內，以書面具明理由，向學校申復；其以言詞為之者，調查學校應作成紀錄，經向申請人或行為人朗讀或使閱覽，確認其內容無誤後，由其簽名或蓋章。<br><br>學校受理申復後，應交由防制校園霸凌因應小組於三十日內作成附理由之決定，以書面通知申復人申復結果。 |
| 第 23 條 | 當事人對於學校處理校園霸凌事件之申復決定不服，或因校園霸凌事件受學校懲處不服者，得依各級學校學生申訴之相關規定提起申訴，或依訴願法、行政訴訟法提起其他行政救濟。 |

## 第四章　附則

| | |
|---|---|
| 第 24 條 | 學校應依本準則規定，訂定校園霸凌防制規定，並將第六條至第九條規定納入學生手冊及教職員工聘約中。<br><br>前項規定之內容，應包括下列事項：<br>一、校園安全規劃。<br>二、校內外教學及人際互動應注意事項。<br>三、校園霸凌防制之政策宣示。<br>四、校園霸凌之界定、樣態及通報權責。<br>五、校園霸凌之申請調查程序。<br>六、校園霸凌之調查及處理程序。<br>七、校園霸凌之申復及救濟程序。<br>八、禁止報復之警示。<br>九、隱私之保密。<br>十、其他校園霸凌防制相關事項。 |

| 第 25 條 | 學校校長、教師、職員或其他人員有違反本準則之規定者，應視情節輕重，分別依成績考核、考績或懲戒等相關法令規定予以懲處。<br>行為人有違反本準則之規定者，學校或主管機關應依相關法規、學校章則予以處罰。 |
|---|---|
| 第 26 條 | 學校於校園霸凌事件調查處理完成，調查報告經防制校園霸凌因應小組議決後，應將處理情形、調查報告及防制校園霸凌因應小組之會議紀錄，報所屬主管機關。<br>主管機關應定期對學校進行督導考核，並將第五條之校園安全規劃、校園危險空間改善情形，及學校防制與調查處理校園霸凌事件之成效列入定期考核事項。<br>主管機關於學校調查處理校園霸凌事件時，應對學校提供諮詢服務、輔導協助、適法監督或予糾正。 |
| 第 27 條 | 本準則自發布日施行。 |

# 老師，你也可以這樣做！

## 當教育碰上法律

本書是國內第一本從法律與教育專業的角度來探討校園問題的專書，兼顧教育目的、法律理念與校園實務，嘗試化解校園中日益嚴重的緊張關係，並積極營造良好的學習環境，以培養現代法治社會的優良公民。這是關心台灣法治教育的你，絕不容錯過的一本好書。

定價/ 380元

# 老師，我有話要說

定價/ 380元

### 學生的權利在哪裡？老師的權力在哪裡？
### 這是學生要看，老師及家長更要看的一本書！

本書是目前國內討論學生權利最完整的一本著作，對大專院校，高中、國中、小學的教師及學生，乃至教育行政人員及學生家長，都極具研讀的價值。在台灣誰沒有經歷過當學生的年代，本書尤其對於國內司法界、律師界、教育界及關心此一議題的社會人士，也是值得一讀的。

**五南圖書出版股份有限公司**

電話：（02）2705-5066
傳真：（02）2706-6100
地址：台北市大安區和平東路二段339號4樓

# 學習思辨的智慧

## 散播正義的種子

### 推展法治教育向下扎根

我們的孩子是否能在班上和同學討論問題、
制定共同的規則？
未來是否也能在團體中和同伴理性互動，
凝聚共識？
在重視人權的年代，能否尊重自己、也尊重別人？
是否學會在個人利益和公共利益間找尋平衡點？
能否體認在家庭、學校及社會的責任？
未來是否能善盡社會責任，成為社會的好公民？
公平正義是否已在孩子們心中萌芽滋長？
我們的社會是否能藉由教育，
而成為講公平、求正義的公義社會！

## 民主基礎系列叢書

**兒童版**（適用幼稚園～國小低、中年級學生）
隨書附贈指導手冊（適合教師教學與家長說故事使用）

### 捐款專戶

**銀行轉帳**
戶名：財團法人民間公民與法治教育基金會
銀行：玉山銀行 城東分行（銀行代號：808）
帳號：0048-940-000722（共12碼）

**郵政劃撥**
戶名：財團法人民間公民與法治教育基金會
帳號：50219173

地址：台北市松江路100巷4號5樓
電話：（02）2521-4258
傳真：（02）2521-4245

**更多資訊請見民間公民與法治教育基金會官網**：http:// www.lre.org.tw
Email：civic@lre.org.tw

**少年版（適用國小高年級～國中）**
每冊定價/ $150$ 元

**公民版（適用高中以上）**
每冊定價/ $180$ 元（正義／隱私）
每冊定價/ $150$ 元（責任／權威）

民主基礎系列叢書

**學習版（適用國小階段）**
每冊定價/ $150$ 元

**五南圖書出版股份有限公司**

電話：（02）2705-5066
傳真：（02）2706-6100
地址：台北市大安區和平東路二段339號4樓